KB126157

배우 김동영의
한국변검 이야기

배우 김동영의

한국변검 이야기

김동영 지음

차이나하우스

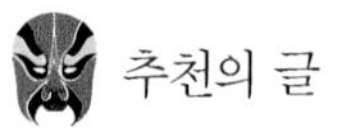

추천의 글

국립창극단 예술감독 김성녀

마당놀이가 전국적으로 선풍적인 사랑을 받을 당시 김동영씨와 인연이 시작됐다. 문화 체육관에서 '심청전' 공연을 마치고 나오는데 로비에서 한 관객이 다가왔다. 자그마하고 귀가 잘 생긴 청년이 노트를 옆에 끼고 홍조를 띠며 사인을 부탁하고는 학교에서 마당놀이 공연을 하려고 대본을 써 봤다며 노트를 내밀었다. 새로 썼다기보다는 우리 공연 내용을 요약한 것이지만 열정만은 하늘을 찌를 듯했다. 얼마 후에 그 청년은 극단 미추에 입단하였다. 30여 년 전에 만난 인연이다.

그 청년의 극단 생활은 참 많은 이야기를 남긴다. 두레 패들의 생활양식을 따라 같이 먹고 잠자고 작업하는 환경에서 뛰어난 요리 솜씨로 배우들의 영양사가 됐고, 장인 수준의 바느질 솜씨로 필요한 의상을 척척 만들어 내며, 마당놀이 소도구와 분장에서 미용까지 모든 영역을 소화하고 중국어 통역까지 하는 극단 최고의 해결사였다.

힘든 일을 내색하지 않고 늘 미소 띠며 행복에 겨워하던 모습이 지금도 눈에 선하다. 남사당패의 애환과 기예를 펼치기 위해 무대에서 모든 것을 쏟아부었던 배우로서의 열정도 잊을 수 없다. 그 와중에 중국으로 건너가 눈 깜짝할 사이에 표정이 수시로 바뀌는 변검(變臉)이라는 기예를 익혔다. 변검술은 오랜 연습과 섬세한 기술이 필요하기 때문에 전수하기가 쉽지 않은 분야이다. 그 어려운 기술을 배워 와서 수없는 실패와 노력을 반복하며 우리의 전통 탈로 바꾼 한국 변검의 창시자가 되었다.

불가능이 없을 것 같은 이 청년은 어려운 형편 탓에 중학교 시절부터 여러 곳에서 일을 해야 했고, 중국집에서 배달을 하며 중국 말을 익혔다. 배움의 대한 열정으로 일과 학업을 병행할 수 있는 방송통신대 중어중문학과에 입학했고 연극동아리 활동을 하다가 결국 직업 배우의 길을 걷게 된 것이다.

나는 이 청년에게 많은 것을 배웠다. 환경을 탓하지 않고 끝없이 자기 계발을 하는 용기와 배고픈 직업을 원망하기보다 정말 좋아하며 최선을 다하는 열정, 새로운 분야에도 겁 없이 뛰어들어 자기 것으로 만드는 도전의식, 배움의 끈을 놓지 않고 끝까지 공부하는 학구열까지. 두 아이를 둔 가장으로 중년이 된 그는 그동안 석사학위를 따고 학생들을 가르치는 선생이 되었고 한국변검 연구소 대표로 활동하며 해외에까지 한국변검을 소개하는 문화 전도사로 우뚝 서있다.

이번에 그의 삶의 행적을 오롯이 정리한 귀한 책 『배우 김동영의 한국변검 이야기』가 발간되었다. 늘 새로운 얼굴로 변신하는 변검과 같은 그의 이야기와 함께 운명처럼 변검을 받아들여 중국의 문화를 한국의 문화로 재탄생시킨 개척자의 정신이 고스란히 담겨있다. 다시 한 번 그의 도전과 열정에 박수를 보내며 제2, 제3의 저술이 탄생하기를 기대하는 마음 가득하다.

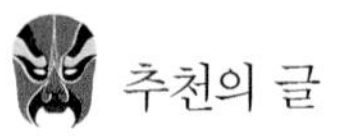

추천의 글

국립 한국방송통신대학교 총장 류수노

<배우 김동영의 한국변검 이야기>는 공연예술의 한 갈래로서 한국변검을 집대성한 해설서이면서, 인간 김동영의 휴먼스토리까지 담았다는 점이 특징적이라 할 수 있다. '배움'이라는 화두를 들고 평생을 도전적으로 살아온 저자가 중국 변검을 연구하여 익히고, 이것을 한국화하는 과정이 생생하게 기록되어 있다.

저자는 중국변검을 단순히 따라 하지 않고 거기에 한국 전통의 탈과 춤 동작, 옷을 입히고 한국 대표 민요인 '아리랑'을 더해 가장 한국적인 문화 콘텐츠로 재창조하였다. 중국변검과는 확실하게 차별화되는 한국 전통의 이야기를 엮어내는 데 성공한 것이다.

평생교육을 통하여 국가가 필요로 하는 인재를 양성하고 있는 우리 방송통신대학교가 40여 년 간 배출한 70만 명의 동문들은, 사회 각 분야에서 발전을 선도하고 있다. 이 책의 저자인 김동영 씨 역시 우리 대학 중어중문학과를 졸업하고 끊임없이 노력하여 예술가로서 한국변검을 창시하는 등 일가를 이루었다. 우리가 자랑스러워해야 할 평생교육 시대에 귀감이 되는 인재임에 틀림없다.

'한국 연극배우협회'에서는 연극 발전을 위해 노력하고, 대학 강단에서는 후학 양성에 힘쓰고 있는 김동영 선생이 앞으로 우리나라 문화계에 큰

업적을 남길 수 있기를 바란다. 또한 김동영 선생이 공들여 쓴 <배우 김동영의 한국변검 이야기>를 통해 많은 사람들이 예술에 대한 영감을 얻고 그 도전정신을 배울 수 있기를 기대한다.

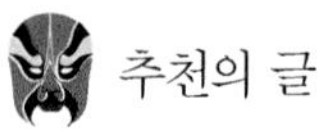

추천의 글

이병옥 용인대 명예교수

몇 년 전 전통예술 무대에 선 그의 변검을 보면서, 범상치 않는 연희에 감화되어 해설자로서 장황한 설명을 한 적이 있었다. 필자가 1995년 중앙일보 후원 <한중 장강 문화예술대기행>으로 3개월간 중국 각 지역의 춤과 연희를 조사 다닐 때, 사천성 성도 천극원에서 변검·토화·천극 등을 보았던 기억이 생생하게 떠올랐기 때문이다. 조사 당시 담당자로부터 검보의 발전사는 들을 수 있었으나 현행 검보법은 극비로 하여 구체적인 조사를 할 수 없었다. 그 후 몇 년 뒤 중국에서는 검보를 벗었다가 써가는 연행 방식을 개발했고, 인형 변검도 추가됐다. 그런데 김동영 선생이 중국 내에서도 극비로 전승되며 사천성의 대표 문화라고 칭송받는 변검을 전수받아 당당히 공연하고 있는 모습에 필자는 감동하지 않을 수 없었다.

김동영 변검의 특징은 중국에서 받아들인 변검임에도 한국의 전통의상을 입고 한국 탈춤의 탈모습의 검보를 재창조했다는 점이다. 문화란 전파와 창조라는 두 가지 속성이 있다. 우수하고 필요한 문화는 주변에 잘 전파되는데 이러한 외래문화를 창조적으로 받아들여 민족문화가 발전하는 것이며, 다른 하나는 필요에 따라 스스로 독창적인 문화를 만들어 발전시켜나가는 것이다. 결국 외래문화를 받아들일 때 자국의 문화에 맞게 재구성하고 재창조하는 과정을 거쳐야 비로소 전통문화로 정착하는 것이다.

그러나 변검의 전수보다 김동영 선생의 성장과정은 소설보다 더 소설 같은 인생이었다. 어려운 가정환경을 슬기롭고 성실하게 극복하며, 겸손함과 끈기로 주어진 소임을 다해왔다. 현재에도 늘 일을 찾아 솔선수범하며 주변 사람들에게 귀감이 되고 있다. 뿐만 아니라 세상을 읽어내는 심미안과 저력을 갖추고 있으며, 미지의 세계를 당당히 개척하여 불가능을 가능으로 가꾸어가고 있다.

그는 젊은 시절 가정 형편상 안 해본 일이 없을 정도로 여러 일을 하며 생계를 이었다. 중국인이 경영하는 음식점의 배달원으로 일을 하는가 하면 양복점에 들어가 옷 만드는 작업을 담당하기도 했다. 중국 음식점에서의 경험을 통해 그는 중국어를 생활 속에서 터득하게 됐고 이때 습득한 중국어는 학업과 변검을 배우기 위한 과정에 큰 도움이 됐다. 그리고 양복점에서의 일은 그가 공연예술인으로서 무대에 임할 때, 수많은 의상과 소품을 직접 만들 수 있는 소중한 밑거름이 됐다. 이러한 상황 속에서 그는 학업에 정진하여 방송통신대학교 중어중문학과를 졸업했으며, 대학원 과정까지 마쳤다. 그리고 오랜 시간 동안 극단 미추의 단원으로 있으면서 연극계와 전통예술계의 수많은 공연에 참여했다.

이렇게 공연예술인으로서 작품에 매진하며 바쁜 나날을 보내던 중, 우연히 영화 〈변검〉을 보게 됐다. 현란한 몸짓과 신비로운 검보의 변화는 그의 마음을 사로잡았고 변검 연행에 대한 꿈을 품게 만들었다. 그러나 꿈과 달리 타국의 전통예술을 배우기란 현실적으로 매우 어려웠다. 한국에서 공연 일정은 끝이 없었고 정말 어렵게 중국으로 경극 변검의 창시자 주홍무 선생님에 편지도 보내보고 찾아갔으나 매번 거절을 당했다. 그는 포기하지 않았고 결국 수차례 노력과 진정성을 보인 끝에 비로소 변검을 배울 수 있게 됐다.

김동영 선생의 변검은 단순히 중국변검을 배워 오는 것에서 멈추지 않았다. 중국변검을 한국 변검으로 재탄생 시키겠다는 일념으로 전국의 무형문화재 탈춤 종목들을 찾아 나서 각 지방 탈들의 색조와 특징을 연구했으며, 한국의 오방색과 탈의 색조를 기반으로 보다 특색 있는 변검 가면을 살려내고자 했다. 그것은 또다시 무(無)에서 유(有)를 창조하는 작업이었다. 그는 극단시절 단원들의 작품 의상과 소품 만들기를 스스로 자처했으며, 밤새 뜯고 고치며 작업했던 생활 속에서 이미 무대제작자의 자질을 갖고 있었다. 김동영 선생은 변검에 사용되는 의상과 소품·장비들도 모두 새롭게 제작했으며, 한국 탈춤의 산대·오광대 탈들과 도령 복 · 복건 · 쾌자의 특징을 적절히 조화시켜 한국 전통공연의 무대의상으로도 손색없을 변검 의상을 만들어냈다. 여기에 탈춤의 춤사위를 깃들인 변검 몸짓을 가미하고, 극단에서의 오랜 경험을 통한 현대적 무대 기법까지 더했다. 이로써 '중국변검의 원형', '한국의 전통적 색채', '세련미' 세 가지가 한 데 어우러져 보다 독창적인 〈김동영 제(制) 변검〉이 탄생된 것이다.

우리나라에 여러 명의 변검 연희자가 있다는 말은 들었지만 대체로 마술사들이 시도한 변검이었다. 그것도 그 나름대로의 의미는 있지만, 김동영 선생은 변검에 관련한 모든 소품 · 의상, 춤사위와 무대 기법까지 스스로 각색하여 연희를 하고 있다. 이제 우리는 김동영 선생이 중국변검을 수용하여 한국의 전통문화로 자리매김한 결실에 대해 박수를 보내야 할 것이다.

그러나 끊임없이 노력하는 김동영 선생은 『배우 김동영의 한국변검 이야기』라는 저서를 출간하는 또 다른 결실을 맺게 되었다. 전체 3부로 구성한 목차에서 〈제1부 중국 전통예술의 꽃 중국변검〉은 중국 변검의 역사와 공연예술적 특징과 현황을 심도 있게 기술하였고, 〈제2부 새로운 공연예술 한국변검〉에서는 중국변검의 국내 수용 현황과 한국의 여러 지역 전통 가면을 응용하여 한국변검으로 변용 과정과 탈의 색체미학까지 섭렵하여 한국변검의 공연예술적 특징과 구성까지 사진을 곁들여 가며 생생하게 정리하였고, <제3부 새로운 공연문화콘텐츠 다양화와 한국변검>에서는 전통의 전형과 계승발전 및 세계화를 꿈꾸는 미래 과제까지 본인의 철학과 비전을 담아냈다. 이렇게 꼼꼼하게 정리한 내용은 그동안 변검수용과 변용 과정을 생생한 경험을 바탕으로 치밀하게 분석하였고, 변검을 모르는 한국인들에게 훌륭한 교양서이며 전문서적으로 손색없어 보여 많은 구독을 기대해본다.

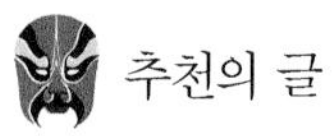

추천의 글

한국문화예술위원회 위원장 대행 최창주

10년 전 세계 양주 민속극 축제에서 한. 중 변검 배틀 이라는 제목으로 공연 되어 졌다.

공연장은 사람들로 가득 채워졌다. 한국변검이라는 걸 처음 보았다. 변검은 마치 마술처럼 손동작을 화려하게 움직이며, 찰나에 가면을 바꾸는 순간 관객들은 남녀노소 할 것 없이 탄성을 자아냈다.

배우 김동영은 한국 전통 가면을 차용하여 우리나라 정서에 맞게 창작을 해 공연되어지는 모습이 또 하나의 예술 장르가 만들어 졌구나 하는 생각에 전통 탈춤을 추는 연희자로서 희비가 엇갈렸다.

외래문화와 한국 전통문화가 접목하여 새롭게 탄생한 한국변검은 이 시대의 대중들이 즐겨 할 만한 공연임에는 분명하다. 예술을 창작하고 자리매김한다는 것은 쉬운 일이 아니다.

중국에서 중국변검을 보았지만, 김동영은 중국변검을 모방하는 데 그치지 않고 우리의 춤사위, 전통 아리랑 민요, 복식을 이용해 한국식으로 양식화하여 한국변검 알리기에 걸어가고 있다. 한국변검은 새로운 창작예술 공연 문화가 되기에는 가치가 충분하다고 생각한다.

변검이 우리나라에 유입된 지 10년이 조금 넘지마는 현재 공연 되어진 형태는 두 갈래로 공연 되어 지고 있다.

중국변검을 그대로 수용해 재연공연 형식의 중국변검과 김동영의 한국 전통 탈로 창작된 형식이 공연되어 지고 있다. 10년 전 처음 보았을 때 배우 김동영 혼자 한국형으로 창작하여 공연하였으나, 현재는 각자의 나름대로 창작하여 두 세람 더 있는 걸로 알고 있다. 이는 변검이 우리나라에 들어와 한국화되어 가고 있는 것은 하나의 공연 문화로 자리 잡아가고 있다고 본다.

필자는 단지 이 책이 변검을 이야기하는 책이 아니라, 배우 김동영의 끊임없는 노력과 '배움'을 통해 하나의 공연 장르가 만들어지는 것에 대해 박수를 보낸다.

김동영은 얼마 전에 필자에게 찾아왔다. 사람들은 변검 하면 중국을 먼저 떠오르고 중국 가면은 우리나라 사람들에게 강하게 인식이 되어 있지만, 전문 직종에서 종사하는 사람들 이외는 정작 우리나라 전통 '탈'은 어떠 한지 잘 모르고 있다고 이야기했다. 그는 우리나라 전통 '탈'을 한국 변검을 통해 알리고 나아가 세계에 우리나라 전통 탈의 우수성을 알리고 자하는 것이 꿈이라고 이야기한다.

저자는 관객들에게 탈이 변화되는 모습만 보여주려는 것이 아니다. 탈이 바뀌는 찰나의 순간, 인간이 가지고 있는 희망, 행복, 환희 즐거움을 갖길 바라며, 현대를 살아가면서 받는 스트레스를 떨쳐버리고 자기만의 희망을 가질 수 있도록 하는 것이 저자의 바람이라고 했다.

필자도 전통 탈춤을 추는 한 사람으로서 우리나라의 전통문화 '탈'이 세계의 벽을 넘어 한국을 알리는 얼굴이 되길 바라며, 김동영의 한국변검 이야기가 문화예술을 창작하는 사람들에게 좋은 도전정신의 책이 되었으면 하는 바람이다.

<저자 서문>

변검이란 본래 중국 쓰촨 성 전통예술의 하나이다. 중국변검은 중국의 3대 전통 연희 중 하나인 천극(川劇)의 하이라이트로 중국의 대표적인 공연이다. 찰나의 기교, 배우의 화려한 동작과 음악으로 관객을 사로잡으며 호응을 이끌어 낸다. 어떤 동작을 만들고 창작하는 것은 배우의 몫이다.

연극배우 김동영은 중국의 변검을 우리의 것으로 만든 한국변검의 창시자이다. 단순한 모방에 그치지 않고 한국의 옷을 입히고 발전시켜 새로운 전통문화의 길을 열어가고 있다. 필자는 한국변검 알리기에 앞장서 오고 있다, 국내엔 필자 말고도 변검 공연자가 여러 명 더 있지만 배우 출신 중에서 유일하다. 나의 공연이 다른 사람보다 예술성에 있어 강점을 갖는 것도 그런 이유이다.

변검은 배우가 손을 대지 않고 가면을 순식간에 바꾸는 순간 예술이다. 중국 쓰촨 성 지방의 전통극 천극에서 볼 수 있는 공연으로, 중국에선 천극지화(川劇之花) '천극의 꽃'으로 불린다. 오천명 감독이 만든 영화 변검(The King of Mask, 1995)으로 국내에도 많이 알려졌다.

나는 영화『변검』을 보는 순간 변검을 배워야겠다는 생각이 들었는데 돌이켜 보면 무모하리라 여겨졌던 것이 오늘날 현실화된 것은 아마도 배우고자 했던 간절한 마음이 컸기에 가능하지 않았나! 하는 생각이 든다.

중국변검을 한국화하여 전통예술로 승화시켜야겠다는 생각이 들어 한국 전통 '탈'을 가면으로 사용했는데 이는 우리 전통의 '탈'이 가장 한국적인 얼굴로서 서민 대중들의 풍자, 해학을 담고 있어서다. 변검 공연을 통하여 한국 '탈'을 널리 알려야겠다는 생각도 들었다.

한국변검을 시작한지 10년이 되었다.

한국변검은 안동하회탈, 봉산탈, 강릉관노가면, 전통도깨비문양, 그리고 양주별산대놀이, 고성오광대, 통영오광대 등 전통 가면을 한국 고유의 오방색으로 색의 미학을 살려 가면을 제작하여 공연을 해 왔는데, 안동국제탈춤페스티벌, 해외 공연, 학술대회 참가 등 수 백회 넘는 공연을 통하여 한국 변검을 자리매김해 가고 있다.

스승 주홍무 선생님은 자상하시고 아버지 같은 분이다. 변검을 전수하시면서, 후에 변검을 전수하려거든 총명한 사람보다 인성이 좋은 사람에게 전수하라고 말씀을 하셨다. 언어와 문화는 다르지만 예술세계의 정신은 같은 것 같다. 앞으로 스승의 예술 정신과 가르침을 이어 가고 싶다.

한국변검을 공연예술 콘텐츠의 하나로 자리매김하기 위해서는 각고의 노력이 필요하며 또한 우리 관객의 호응과 관심이 필요하다. 하나의 전통을 만들어간다는 것은 산고의 고통을 느끼는 것처럼 힘든 과정을 반드시 겪어야 하며 그 과정 속에서 발전하고, 하나의 공연으로 정착하게 될 것이다.

이 책을 만들면서 주위에서 물심양면으로 많은 관심과 도움을 주셨다. 손진책 선생님, 김성녀 선생님, 이병옥 선생님에게 감사를 드린다. 아울러 서정덕 형님, 신춘호 박사께도 감사를 드린다. 어려운 출판계의 사정에도 불구하고 이 책을 펴낼 수 있도록 애써주신 이건웅 대표님, 안우리 대표님, 편집팀에게 감사의 마음을 전한다. 그 외에도 도와주신 분들을 일일이 거론하지 못하지만 지면을 통해 깊은 감사의 말씀을 드린다. 그리고 언제나 묵묵히 도와준 사랑하는 아내 조경주, 딸 도현, 아들 지훈과 출판의 기쁨을 나누고자 한다.

한국변검이 단지 하나의 기교적인 관심사가 아니라 우리나라에서도 하나의 문화예술로 자리 잡기를 바라며, 이 책을 통하여 전달하고자 하는 가장 큰 메시지는 바로 '배움'이라는 주제로 진솔한 변검 이야기를 하고자 한다.

앞으로 한국변검을 배우고 익히고자 하는 독자들에게 변검 예술의 정신과 창작예술에 많은 도움이 되었으면 하는 바람으로 이 책을 출간한다.

2018년 무더운 여름 날

배우 김동영

목차

추천의 글

제2부 새로운 공연예술, 한국변검 _50

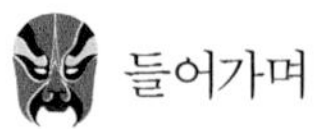

들어가며

한국변검이란 중국 사천성의 대표적인 기예(技藝)인 변검(變臉)을 바탕으로 중국 '탈'이 아닌 한국의 '탈'로 창작된 '한국형 변검'을 말한다. 한국변검은 새로운 공연으로 올해로 10년이 되었지만 아직은 초기 단계인 것이 현실이다. 따라서 공연예술의 한 장르로 발전하기 위해서는 지금까지 공연 현황을 짚어보고 그 수용 과정과 수용 의지(意志), 재창조 과정을 정리하고, 앞으로 발전해 갈 한국변검의 미래에 중요한 기초를 마련해야 한다고 생각한다. 제1부에서는 (중국 전통예술의 꽃 중국변검), 제2부에서는 (새로운 공연예술 한국변검 창작 과정에 대하여), 그리고 제3부에서는 (새로운 공연문화콘텐츠로 다양한 발전과정)과 경험을 바탕으로 이야기를 하고자 한다. 중국변검을 습득하고 한국의 전통 '탈'을 이용하여 한국변검을 창작하여 공연화하고자 하는 것은 단순한 문화의 수용을 넘어 하나의 우리 문화예술로 우리의 색깔로 담아내고자 한다. 처음 수용 단계에서는 모방의 단계에 머무를 수밖에 없지만 다음 단계로 새로운 공연 콘텐츠로서의 한국변검으로 발전해 나가는데 자양분이 될 수 있는 기초 공구서가 되었으면 한다. 한국변검이 공연을 통해 체계화되고 하나의 공연예술 장르로 자리매김하여 후학을 양성하고 계속 계승 발전하고자 하는 것이 궁극적인 목적이다. 그 기초적 단계로 한국변검의 창작 및 정착까지의 초기과정을 기록으로 남겨 한국변검 초기 활동에 대한 기초를 정립하고자 한다. '문헌' 연구와 공연 사례, 실연내용을 정리하는 일은 무엇보다 중요한 것이라 생각되기 때문이다, 중국변검의 기원 발전 과정과 전통적 특징을 살펴보고 나아가 한국변검에서 사용하는 한국 '탈'의 유래와 발전 과정, 특징 등을 짚어보고 두 변검 간의 가면의 색과 내용, 특히 한국변검에서 차용한 한국 전통 '탈'과 우리나라 생활문화 속에 깊숙이 자리 잡고 민족의 음향 오행을 지배하는 오방색의 의미를 가미 시켜 제작한 내용을 다루었다. 나아가 이 책의 목적인 한국변검의 탄생 과정과 특징 그리고 미학적 근거와 예술적 가치, 새로운 창작 콘텐츠로서의 가능을 정리해 보았다. 나는 한국변검의 최초의 창작자로서 다양한 형태의 한국변검을 연구하고 전승할 수 있는 공간과 토대를 만드는 일이 무엇보다 중요하다고 생각한다. 변검 캐릭터들을 개발하고, 1인 극의 범주에서 벗어나 다수의 공연자가 함께 공연하며 체계적인 후학 양성을 위해 지속적으로 노력하고자 한다. 따라서 이 책이 한국변검의 지속적인 계승과 발전에 이바지할 수 있기를 희망한다.

제1부
중국 전통예술의 꽃 중국변검

중국변검은 '천극지화(川劇之花)' 라고도 불리는 쓰촨의 공연예술의 하나이다. 중국변검의 특징은 빠른 변화로 극중 인물의 내면을 보여주는 낭만적 표현 수법의 하나이다. 관객들의 눈앞에서 순식간에 얼굴을 바꾸는 기예(技藝)로 그 기법을 아무에게나 전수하지 않고 철저하게 비밀에 가려져 있다. 그럼 본격적인 이야기에 앞서 중국변검의 기원과 발전 과정에 대해 이야기한다.

1. 중국변검의 기원과 발전과정

1) 중국변검의 기원

중국변검의 기원에 대해서는 다음과 같은 이야기가 전한다. 변검은 아주 먼 옛날 변변한 무기가 없던 시절 사람들이 사나운 짐승을 쫓기 위해 만들었다고 한다. 당시 사람들이 야수와 만났을 때 살아남기 위해 얼굴을 여러 가지 모양으로 바꾸어가며 맹수들에게 대항했던 것에서 힌트를 얻어 '변검'이라는 독특한 예술을 만들어 냈다고 한다. 변검이 처음으로 공연 형식으로 무대에 서게 된 것은 고전소설『귀정루 (歸正樓)』에서 시작되었다.

「변검의 기원은 19세기말 〈귀정루歸正樓〉에서 핍박받는 쓰촨 민중을 돕고자 의적이 된 주인공이 관병의 추적을 따돌리기 위해 얼굴을 바꾸어 가면서 선행을 하는 과정에서 유래 되었다. 쓰촨의 민속 오락의 필요에 의해 생겨난 '변검'은 오랜 기간 동안 예술가들에 의해 창조된 것인데, 다양한 작품의 극 내용과 결합하여 인물의 형상을 부각시키고 극중 분위기를 극대화시키기 위해 개발된 예술 표현기법이 돋보인다.

처음에는 판지로 가면을 만들어서 사용했고 그 후에는 종이 그림을 그린 검보(臉譜)를 사용하여 얼굴에 차례차례 붙인 후에 홍(紅), 뤼(綠), 남(藍), 황(黃), 헤이(黑), 바이(白), 즈(紫), 화(花)로 한 장씩 벗겨 내었다고 한다.

변검의 형성 과정을 알기 위해서는 먼저 천극의 이야기를 빼놓을 수가 없다. 왜냐하면 변검은 천극에서 발전해 온 공연예술이기 때문이다.

천극의 한 종류의 변검 촉풍아운(蜀風雅韻)공연극장

변검의 역사는 중국 쓰촨의 천극(川劇)에서 비롯되었다. 천극은 중국 베이징의 「경극(京劇)」, 쑤저우(蘇州), 난징(南京)의 「곤극(昆劇)」과 더불어 중국 3대 전통 연희 중의 하나이다. 쓰촨 지역은 중국 삼국지에 나오는 촉(蜀)나라에 속하는데, 예로부터 폐쇄적인 지역으로 중국의 주류 문화와는 다른 쓰촨(四川) 지역의 특색 속에서 천극만의 면모를 형성하고 발전시켜 나갔다.

하늘로부터 축복을 받은 땅, 즉 '천부지국(天府之國)'이라 불리는 쓰촨은 예로부터 토지가 비옥하고 기후가 온화하여 천혜의 지역으로 알려져 있다. 또한 아름다운 자연환경은 쓰촨 사람들로 하여금 독특한 놀이문화를 형성할 수 있는 토대가 되었다. 따라서 천극은 오래전부터 쓰촨 일대에서 대중적인 희극 문화로 자리 잡게 되었다. 쓰촨 지역의 특성을 살펴보면 주변 문화가 유입되어 현재의 천극이 형성된 것을 알 수 있는데, 차미경의 논문에 의하면 천극 형성의 시기는 다음과 같다.

천극 형성 시기에 대해서는 천극에 대한 관점의 차이로 의견이 분분하지만 쓰촨 지방색이 짙은 천극만이 가지고 있는 독특한 공연예술로 세계 희극계에서도 명성을 얻고 있다.

천극은 쓰촨과 꾸이저우, 윈난 일대에서 유행하는 지방극으로 18세기 중엽, 즉 청대 건룡 연간(1736~1795년)에 형성되었다. 천극은 중국 희곡 예술의 전통과 각 지역에서 쓰촨에 유입된 고강(高腔) · 곤강(崑腔) · 호금강(胡琴腔) · 탄강(彈腔) 등의 곡조가 쓰촨 원래의 연극인 등희(燈戲) 그리고 쓰촨의 언어. 음악. 민속 파촉 문화(巴蜀文化) 전통의 특색과 어우러져 탄생한 연극으로, 독특한 예술 풍격과 지역 색채를 지녀 다른 지방극과의 차별성을 갖는다.

파촉(巴蜀)지역은 현재의 행정구역 상 대략 쓰촨성(四川省)에 해당한다. 파촉을 함께 부르게 된 것은 진한(秦漢)시대 이후의 일이지만, 역사적으로는 춘추시대 이전에 이미 쓰촨 지방에 파국(巴國)과 촉국(蜀國)이 공동의 문화를 형성하고 있었다. 이런 연유로 지금은 쓰촨성 일대를 '파촉'이라 부르기도 한다. 이 지역은 지금부터 4천 년 전에 이미 문명이 탄생하였다.

중국 쓰촨 천극의 한 장면

대략 지역의 용산문화(龍山文化)와 비슷한 시기의 신석기 문화로부터 출발하였는데, 고촉국의 청동기 문화가 무더기로 발견된 삼성퇴(三星堆)의 유물을 보면, 이곳에 중원지방 국가와 어깨를 나란히 하였던 찬란한 문화가 존재하였음을 알 수 있다.

천극은 유구한 역사를 가지고 있으며 파촉 문화의 중요한 부분을 이루고 있다. 천극이 형성되기 이전 선진 시기에 이미 파촉 지방에 가무가 있었다는 기록이 있으며, 양한에는 각저 백희가 크게 유행하여 이를 파유무(巴兪舞)라 불렀다. 한대에 등장한 중국 환술의 중심이 되는 동물 가장 가면희였다. 특히 "한대에 쓰촨은 일약 전국에서 문화예술이 가장 발달하고 번영한 지역이었다."고 전한다. 또한 송원 남희와 천잡극(川雜劇), 원 잡극의 토양 아래 명말 청초에 중국의 여러 정치 사회적 환경으로 인해 후난, 광둥, 산시 등의 외지인이 쓰촨으로 대량 유입되면서 그들이 함께 가져온 각 지역의 극종인 곤강, 고강, 탄희, 호금희 등이 쓰촨 본지 극종과 융합하게 되었고, 그 후 각 지역에서 온 극종이 '쓰촨화' 되면서 천극으로 새롭게 탄생되게 되었다.

천극 예술을 구성하는 가장 주된 요소인 각 지역의 음악들이 여러 주변국으로부터 유입되어 지금의 천극이 된 것이다. 장쑤에서 발원한 곤강이 쓰촨으로 유입된 시기에 대해서는 두 가지 설이 있지만 언제 어떻게 들어왔는지에 대해서는 명확하지 않다. 이 두 가지 설은 하나는 명말에 장헌충(張獻忠)과 함께 온 농민군에 의해 들어왔다는 설과 강희 혹은 동치 연간에 서빈(舒瀕)극단에 의해 유입되었다는 설이 있다.

'촉에 풍년이 들면 천하가 충족하다'라는 말이 있을 정도로 물자가 풍부한 곳이다. 또한 주요 부분은 분지고 주위는 모두 산으로 둘러싸여 있어 지형 형태상 폐쇄형 지역에 속한다. 이런 지리적 환경으로 인해 중원과 멀리 떨어져 있어 중앙의 정치적 긴장감이 덜하고 중국의 주류문화에 기민하게 호응하지 않아도 되기 때문에 독자적인 생활과 독특한 지역 문화를 형성할 수 있었다. 이런 환경 속에서 천극 안에 있는 '변검'이 형성되고 발전하게 되었다.

'변검'은 '천극'에서 발전한 공연예술로, 다른 극 중에서 볼 수 없는 독특한 연기술이 있다. 오랜 파촉 문화의 전통 속에서 만들어진 '특수한 기공'이라 불리는 연기법은 고난도의 기술이 요구되는 특수 동작들로 천극을 더욱 빛내주고 관객들을 매료시킨다. 물론 이러한 표현기법은 극중 인물의 형상과 분위기를 더욱 부각시켜 공연예술의 효과를 극대화하려는 것이 기본 목적이다.

비극적인 내용도 이러한 기법을 이용해 희극적인 분위기를 지니게 한다. 현재 널리 공연되어 지고 있는 중국변검의 기원과 발전 과정을 바탕으로 현시대 중국인들에 의해 더욱 발전되고 있다.

천극에서 사용되는 악기

쓰촨 지역 Y자 계곡의 지형적인 특수한 환경(구체구)

수려한 자연환경(구체구)

2) 중국변검의 발전과정

중국변검의 발전 과정을 살펴보면 다음과 같다. 처음에는 3장의 가면을 바꾸는 것에서 시작했지만 점차 그 횟수가 증가하여 1980년대 초 쓰촨성 천극단을 대표하는 예술인 류종이(劉忠義)가 4장의 가면을 바꾸었으며, 그의 사제였던 왕다오정(王道正)은 1985년 가면을 5장 바꾸었다. 그 뒤 왕다오정은 계속해서 가면을 증가시켜 24장까지 바꾸는 묘기를 선보였다. 현재 중국에서는 가면을 100장까지 바꾸어 가면서 기네스북에 도전하고 있다. 하지만 변검은 순간 예술이라 가면을 많이 바꾸는 것이 중요한 것이 아니라 하나의 예술로 표현 해내는 것이 변검 기술의 묘미이다.

변검은 여러 예술가들의 노력으로 19세기 말 전해 왔는데, 천극의 유명한 배우인 캉쯔린(康子林)이 천극(川劇), <귀정루歸正樓>에서 3장의 가면을 바꾸는 '삼변화신(三變化身)'을 선보이면서 세상에 등장했고, 이후 천극의 대표적인 민중기예로 성장했다는 것을 알 수 있다. 천극의 성인(聖人)으로 불리는 캉쯔린(康子林, 1870~1930)은 청말 민초에 문무를 겸비한 대표적인 천극 배우이다. 중국 경극의 매란방은 그를 도덕적이고 예술 소양이 높다며 경극의 대부인 정장경(程長庚)에 비유한다.

중국 문화의 암흑기인 문화대혁명 시기에 100여 개의 천극 전문 극단이 문을 닫았고 연기자뿐만 아니라 중국 예술계 전체가 큰 타격을 입었다. 개혁 개방정책 이후 전통문화에 대한 관심이 높아지면서부터 중국 정부와 민간단체에서는 천극을 복원했다.

그 후로 변검은 왕다오정(王道正)이 가면을 24개까지 바꾸는 것에 성공하면서 그 기술은 점점 발달했다. 왕다오정은 三變化身의 틀을 깨뜨리고, 1987년 일본 공연에서 독자적인 공연 양식과 다양한 공연 기구를 이용해

8장의 가면을 연이어 바꾸는 기록을 세웠다. 또한 그는 1996년에 3분 내에 8장의 가면을 바꾸고 한 공연에서 연속 24장의 가면을 바꾸는 기록을 세워 중국 언론으로부터 '變臉王' 이라는 칭호를 얻었다.

최근에는 벗긴 탈을 다시 쓰는 기술까지 개발됐다. 변검술사가 되는 길은 오직 쓰촨에서만 가능하고 천극의 기초 수업을 받아야 한다. 쓰촨 성 예술 학교 학생들만 배우는 것이 가능하며, 이 학교는 중국에서 유일한 천극 예술인 양성학교다. 지난 1953년 개교하여 1950년대 말 청두로 자리를 옮긴 옛 쓰촨 성 천극 학교는 천극인 양성의 요람이다. 쓰촨 성 천극 학교는 1980년 교육과정을 확대하면서 쓰촨 성 예술 학교로 명칭을 바꾸었지만, 지금도 중국에서는 유일한 정규 천극인 양성학교다.

쓰촨 성 예술 학교에 입학하면 고등학교와 전문대를 합친 5년의 혹독한 정규교육을 이겨내야 한다. 이 기간 동안 학생은 천극의 기본 기예와 예술인으로써의 정신자세를 가다듬는다. 입학생도 2~3년에 한 번만 선발하고 정원도 5명 이내로 정하고 있다. 오직 쓰촨 출신 학생만 뽑는 것도 또 다른 특징이다.

영화 〈변검〉 훈련장면

변검의 역사와 특징을 다음과 같이 시대별로 정리해 보았다.

구분	시기	변검의 역사	특징
1기	18세기	무기가 없었던 시절 사람들이 야수와 만났을 때 살아남기 위해 얼굴을 여러 가지 모양으로 바꾸어가며 맹수들에게 대항했음	공연 형식이 아닌 민간 생활에서 실질적으로 사용되었음
2기	19세기 말	쓰촨 성의 천극 공연의 한 장르인 <귀정루>에서 캉쯔린이 처음으로 3장의 가면을 바꿈	체계화된 공연으로 처음 등장
3기	20세기 문화대혁명	문화 말살정책으로 문화 예술계에 암흑기가 도래함	100여개 천극단이 문을 닫고 많은 예술가들이 핍박받았음
4기	현재	문화 개방 정책 이후 다시 중국 전통문화가 사회로부터 각광 받기 시작하면서부터 변검도 재조명을 받기 시작했음	변검의 대중화가 시작되고 기술 발전도 다양화되었음. 극 속에서만 공연되었던 변검이 독자적으로 공연되기 시작했고, 1인 형식에서 2인1조, 3인1조 형식으로 발전했음

<중국변검>의 기원과 발전과정

2. 중국변검의 공연 예술적 특징

1) 중국변검의 형식

중국변검의 공연 예술적 특징은 인물의 개성 강조와 감정의 변화를 도와주는 낭만적인 수법으로 변검의 빠른 변화는 보는 이들의 마음을 일신시킨다. 변검은 인물의 감정을 상징하는데, 전형적인 특징을 가지고 있는 각각의 가면은 인물들에 충성. 간사. 사악. 정의 등의 장점을 나타낸다. 화려한 손동작과 현란한 몸짓이 특징이며, 소품으로 부채 등을 사용하여 관객들로 하여금 시선을 돌리도록 만들고 가면을 바꾼다. 가면을 바꾸기 위해서는 망토를 착용하기도 한다. '변검' 기법에는 말검(抹臉), 취검(吹臉), 차검(扯臉), 운기변검(運氣變臉) 등이 있는데 각각의 특징은 다음과 같다.

말검(抹臉)

말검은 얼굴의 특정 부위에 분장용 분을 넉넉히 발라두었다가 삽시간에 문질러 변화를 주는 방법이다. 만약 얼굴 전체를 바꾸려면 분을 이마나 눈썹에 묻혀두고, 얼굴의 하반부만 바꾸려면 분을 뺨이나 코에 묻혀둔다. 혹은 손바닥에 분을 꽉 쥐고 있다가 한 손으로 얼굴을 가리면서 문지르기도 한다.

취검(吹臉)

취검은 얼굴에 분말을 불어서 변화를 주는 방법이다. 배우는 먼저 변해야 할 부위 얼굴에 식물성 기름을 바른다. 그리고 무대 주위에 숨겨 두었던 금분(金粉), 은분(銀粉), 묵분(墨粉) 등과 같은 분말식 화장품을 휙 불어서 얼굴 색깔을 바꾸는 방법이다. 쓰촨극 <단교(斷橋)>중 소청(小青)이 취검을 이용하여 몇 차례 얼굴을 변화시킨다. 간혹 분말을 배우의 손에 숨긴다.

차검(扯臉)

차검은 얇은 천으로 만든 가면을 여러 겹 붙였다가 하나씩 떼어내는 방법으로 상당히 민첩한 동작이 요구되며, 관중들의 시선을 다른 쪽으로 돌리는 데 유의해야 한다. <백사전(白蛇傳)>의 수만금산(水漫金山)에서 발동이 법해의 명을 받아 백사와 교전할 때의 감정 변화를 홍색, 황색, 녹색, 홍갈색, 백색, 흑색, 금색 등의 다양한 가면을 사용해 표현한다. 이때 배우는 노래나 대사 없이 이 연기에만 집중하여 인물의 성격이나 감정, 심리 변화를 관객에게 전달하는 특수 희극 효과를 거두고자 한다. 차검은 현재 중국에서 가장 많이 전수되고 있는 변검 기법이다.

운기변검(運氣變臉)

운기변검은 이미 고인이 된 쓰촨극의 명배우 펑스홍(彭泗洪)이 <공성계 (空城計)>의 제갈량을 연기할 때 기공을 운용하여 얼굴을 붉은색에서 백색으로 바꾸었던 방법이다.

이처럼 변검은 쓰촨극 특유의 기법으로 인물의 성격과 감정을 과장되게 표현하여 관객에게 클라이맥스를 제공한다. 류첸(柳倩)이 《천극초론(川劇初論)》에서 "변검은 사천극 특유의 기예"이다. 변검은 감정의 상징이라 할 수 있다. 대부분의 검보(臉譜)가 각각의 전형적인 특징으로 인물들의 충성, 간사, 사악, 정의를 표현한다면 변검은 개성을 부각 시키고 감정의 변화를 북돋우는 역할을 하는데 이것이 바로 천극의 특징인 것이다.

현재 중국에서 가장 많이 공연되어지고 있는 '차검(扯臉)'

천극변검(川剧變臉)

〈백사전〉 중에서

곤극 〈홍루몽〉

2) 변검이 중국의 전통극과 현대극에 미친 영향

변검은 중국 쓰촨 성에서만 계승되는 민간 예술이다. 베이징의 경극(京劇), 쑤저우(蘇州) 지역의 곤극(昆劇)과 더불어 중국 3대 전통 연희로 꼽히는 쓰촨 성 천극(川劇) 공연의 한 부분이다.

변검은 철저하게 쓰촨 성 사람에게만 전수가 되었을 뿐만 아니라, 서자와 타 지역 사람과 여자에게 전수가 금기시되었고, 배우는 과정에서도 엄격한 교육훈련을 통해 극소수에게만 기술이 전수되었다고 한다.

문화대혁명 이후 쓰촨 성 정부는 천극 예술인들의 창작활동을 장려하고 있으며, 전문 인재 양성을 위해 천극 학교를 다시 열고 천극 예술 연구소를 설립했다. 문화대혁명 때 사라졌던 극단 역시 복원시키고 있다. 또한 아미영화제작소(峨嵋電影制片厂)에서는 〈천매토염(川梅吐艷)〉이라는 천극을 소재로 한 영화를 만들었고 전국에 방영되어 천극에 대한 관심을 높이는 계기가 되었고 중국정부는 2006년 국무원의 비준을 통과해 천극을 국가 무형문화재로 선정했다.

천극은 이러한 중국 정부의 전통문화예술 복원과 창작예술 활동 지원을 받고 있다. 다른 지방의 공연예술과는 달리 노래와 연기뿐만 아니라 기예, 묘기 등 볼거리가 풍부하다. 내용도 지역의 고전 설화를 바탕을 두고 있어 이해하기 쉽다. 오늘날에는 다양한 작품의 극 내용과 결합하여 인물의 형상을 부각시키고 극중 분위기를 극대화시키기 위해 개발된 예술 표현 기법으로 천극에서 공연되어지는 기예로 자리매김했다. 점차 '변검'은 극의 고정된 형식에만 얽매이지 않고 독립된 하나의 공연 예술로 발전한 것이다. 본래 천극과 변검은 민중이 즐겨 찾는 차관(茶館)에서 공연이 열렸다. 차관은 중국인의 사교장을 말한다. 중국에서 점심을 먹고 차를 마시기도 하는 곳으로, 다루(茶樓), 다사(茶肆), 다거(茶居)라고도 한다.

쓰촨의 민간 연희는 민중 속에서 길거리에서 탄생하고 발전해왔다. 이처럼 중국 변검은 행사장이나 각종 식당, 공원, 등에서 공연되는 것을 쉽게 볼 수 있다. 또한, 천극은 한 가지만 연기하는 것이 아니라 한 번의 공연에 10~15분씩 할당하여 여러 가지 프로그램을 보여주는 식이다.

1시간 반 동안 보통 8~10개의 프로그램을 보여주게 되는데, 쓰촨의 전통음악 연주와 차(茶)기예, 손 그림자극(手影), 곤등(滚燈), 목우극(木偶戏) 그리고 변검은 천극 공연의 하이라이트이다.

경극과 같은 다른 지방극과 비교해 전통극인 천극만 하는 것이 아니라 쓰촨의 지방색을 잘 표현한 전문적인 기예가 있는 것이 쓰촨극의 특징이다. 경극은 과거에 귀족들이 즐긴 예술인 반면, 천극은 서민층의 사랑을 받았으며, 전통극 공연뿐만 아니라 현대극에도 자연스레 영향을 받아 공연이 이루어지고 있다.

거리 공연

쓰촨의 곤등(滾燈)

쓰촨의 목우극(木偶戏)

쓰촨의 수영(手影)

연주 〈얼후〉(二胡)

쓰촨 성 촉풍아운에서 변검(变脸) 공연 실황

3) 중국변검 현황

중국변검은 현재 많이 발전하고 보급되었다. 그만큼 관객들에게는 쉽게 관람할 수 있는 토대가 만들어진 것이다. 15년 전만 해도 변검 공연은 쓰촨 성에서만 볼 수 있었지만, 현재는 중국 각 지역 어디에서나 변검을 쉽게 관람할 수 있다. 중국 국가 여유국에서도 중국을 찾는 외국인 관광객을 대상으로 여행 일정에 변검 공연 관람을 옵션으로 포함 한 것을 볼 수 있다. 요즘에는 변검의 고장인 쓰촨 성 청두(聖都)에 위치한 촉풍아운(觸風雅韻)극장 뿐만 아니라 베이징 노사차관(老舍茶館), 대택문(大宅門), 조양극장(朝陽劇場), 파국포의(巴國布衣) 등에서 전통공연과 함께 관람할 수 있다.

> 관광객들은 식사와 함께 전통공연을 즐길 수 있으며, 중국의 대도시에서는 변검이 중국의 전통공연과 함께 상설 공연되고 있다. 우리나라 제주도에서도 삼국지 랜드 공연장에서 관광객을 유치하기 위해서 쓰촨 성 중국의 변검을 그대로 옮겨와 공연한 적도 있었다.

무분별하게 공연되고 있는 현실에 대해 일부 천극 예술인들은 변검의 지나친 상업화를 깊이 우려하고 있다. 왜냐하면 본래 변검술사가 되는 길은 오직 쓰촨에서만 교육을 받아야 했고, 천극은 오랜 기간 학습을 통해 극소수에게만 전해지던 비기(秘機)이기 때문에 그 가치가 상업성에 치우치면 안 된다고 보기 때문이다. 쓰촨 성 문화국의 한 관계자도 변검과 같은 전통기예가 더욱 비밀스럽게 보호되어야 한다고 강조했다. 쓰촨 성 정부는 2004년 12월 시행된 <쓰촨 성 전통공예미술보호조례>에 의해서 쓰촨 성 내의 공예 미술품과 전통기예의 예술인들을 보호토록 하고 있다. 이 조례는 민간 절기나 전수 예술인들의 정책 및 자금 지원과 가예 기술을 기밀에 부치도록 내용을 담고 있다. 변검도 그 중 하나다. '여자에게는 변검을 가르치지 않는다.'는 전통은 깨졌다. 시대와 상업적 요구에 따라 1990년대 말부터 여성에게도 변검의 문호가 개방되었다.

변검 왕 왕도정은 현재는 한국, 일본, 싱가포르 등에서 변검 공연이 이루어지고 있다며 해외 유출의 문제점을 지적하고 나섰다. 현재 쓰촨에서는 정식 공연 무대에 오르는 변검술사만 100여 명에 달할 만큼 대중적인 인기를 얻고 있다. 이들은 정통 천극원 뿐만 아니라 대중극장, 차관, 연회장, 식당 등 다양한 장소에서 공연을 하고 있으며, 유명 변검술사의 경우 한 번 공연에 가면을 16장 이상 바꾸고 3초 내에 3장 이상의 탈을 연속으로 벗긴다. 10여 장의 가면이 순식간에 떨어져 나가고, 마침내 변검술사의 맨 얼굴 나타난다. 최근에는 벗긴 가면을 다시 쓰는 기술까지 발전되었다. 이처럼 변검은 상업화되어 가면서 시대의 흐름에 따라 혼자 독립적으로만 하던 공연이 현재는 2인 1조, 3인 1조로 공연되고, 여성 변검술사도 흔히 볼 수 있게 되었다. 하지만 이렇게 많은 사람들이 배우다 보니 변검 공연의 수준이 떨어지는 양상도 감지되고 있다. 인터넷으로 변검 기술을 유출하는 사례도 있었다. 제대로 기술을 연마하지 않고 돈벌이 수단으로 여기다 보니 공연 수준이 낮아질 수밖에 없는 것이다. 반면 잘하는 변검술사들은 새로운 기술을 개발하는데 매진하고 있으며, 그 결과 각양각색의 변검이 탄생하고 있다. 변검은 이제 중국만의 전통예술이라기보다 세계적으로 대중들에게 사랑을 받는 공연예술이 되어가고 있으며, 천극을 뛰어넘어 중국을 대표하는 하나의 기예로 자리 잡아가고 있다.

시대의 변화에 따른 여성 변검술사

중국 사천의 정취를 느낄수 있는 거리

4) 영화 <변검>을 통한 대중화

변검이 처음으로 외국에 알려진 것은 1969년 유럽 4개국 해외 공연을 한 쓰촨 성 천극단의 공연에 의해서였다. 하지만 우리나라를 비롯한 전 세계의 대중에게 본격적으로 알려지게 된 계기는 오천명 감독의 영화 <변검(The King Of Masks)>에 의해서였다. 이 영화는 1995년에 제작되었으며, 1996년 제9회 도쿄 국제영화제에서 감독상과 남우주연상을 수상하였다. 영화 <변검>에서 말하고자 하는 요지는 사실 변검이 아니었다. 변검은 단지 오천명 감독이 중국 사회의 남존여비 사상을 깨고자 등장시킨 소재에 불과한 것이었지만, 영화를 촬영하면서 내내 고민하게 했던 소재이기도 했다. 변검이라는 소재만큼 볼거리가 다양한 것도 없기 때문이다. 이런 딜레마 속에서 오천명 감독은 적절하게 변검과 소박한 인간의 모습을 그려 내어 좋은 평가를 받았다. 대중에게는 영화의 기법이 아닌 변검의 기예가 더 인상 깊게 남겨졌다. 어찌 되었건 늙은 변검 왕과 소녀 이야기를 통해 중국 남존여비의 악습을 비판하고, 가족의 의미를 되짚어보게 하는 이 영화는 '변검'이라는 특이한 소재로 당시 대단한 화제가 되기도 하였다 영화 <변검>의 줄거리를 요약하면 다음과 같다.

> 중국 전통 가면 술 변검. 그 변검의 맥을 홀로 이어가는 변검 왕은 원숭이 한 마리와 일엽편주에 몸을 의지한 채 강호를 떠돈다. 변검의 대를 이을 후계자를 찾기 위해 아이를 팔고 사는 시장에 간 변검 왕은 귀와라는 아이를 만나게 되고 할아버지라고 부르는 소리에 이끌려 귀와를 거둬들이게 된다. 사실은 여자아이인 귀와는 변검 왕에게 쫓겨나지 않기 위해 남자아이인 양 행동하고, 이 사실을 모르는 변검 왕은 귀와를 극진하게 보살핀다. 그러던 어느 날 변검 왕은 사고로 발을 다치게 되고, 상처엔 아이 오줌이 약이라며 귀와에게 오줌을 누라고 하지만 귀와는 자신이 여자임이 탄로 날까 봐 안 된다고 울부짖는다. 한편 귀와가 여자임을 알게 된 변검 왕은 변검의 후계자로 삼을 수 없음을 깨닫고 귀와에게 돈을 던져주고는 나

> 룻배를 저어 떠나려 한다. 그러던 어느 날 변검을 배우고 싶은 마음에 몰래 가면을 꺼내보던 귀와는 실수로 나룻배에 불을 내게 되고, 귀와는 다시 혼자가 되어 거리를 헤맨다. 고픈 배를 움켜쥐고 떠돌던 귀와는 결국 자신을 팔았던 유괴범에게 잡혀 다락방에 갇히는 신세가 되고, 그곳에서 유괴된 또 다른 남자아이를 만난다. 그리고 손자를 갈망하는 변검 왕을 위해 남자아이를 배에 몰래 데려다 놓는데, 변검 왕은 영문도 모른 채 유괴범으로 몰려 감옥에 가게 된다. 귀와는 자신 때문에 변검 왕이 변을 당하게 된 것을 알게 되고 눈물을 흘리며 당대 최고의 경극 배우에게 변검 왕을 구해달라고 부탁을 하지만, 그 지역 관할 공안담당은 경극 배우의 부탁에도 단호하게 거절한다. 경극 배우가 사람을 구하기 위해 떨어지는 장면에서 귀와는 자신의 몸에 밧줄을 묶고 변검 왕을 살리기 위해 지붕 위에서 목숨을 내건 시위를 하게 된다. 공안 관리가 허락을 거절하자 귀와는 정말로 끈을 끊어 목숨을 내던진다. 그 모습을 본 생보 살인 경극 배우가 자기 몸을 던져 귀와를 구한다. "당신의 심장은 철로 만들어졌소이까? 이 아이가 목숨을 내놓는 것을 보지 못하셨습니까?"라는 말로 공안을 설득했고, 공안 담당은 이에 감동하여 변검 왕을 풀어준다. 변검 왕은 비록 여자 아이지만 자신의 생명의 은인인 귀와에게 변검술을 전수하고, 장강의 물결을 따라 여정의 길을 떠난다.

영화 〈패왕별희〉, 〈변검〉으로 우리나라 대중들은 중국 문화예술을 한층 더 이해하게 되었고, 현재 변검은 세계적인 예술 장르로 거듭나게 되었다. 변검에서 유명한 배우가 변검 기술을 전해 달라고 하자 변검 왕은 이렇게 말한다,

> "비결을 팔아 번 돈은 언젠가는 다 없어지는 법, 그러나 비결을 간직한다면 세상 어디를 가도 구걸은 안 한다. 능력이 있으면 세상은 내 것이고, 예술인에게는 무대가 있고, 보리가 수확을 얻기 위해선 한 겨울에 많이 밟혀야 그 수확이 배를 얻을 것이다. 남들보다 더 노력하는 당신이라면 그 노력은 반드시 당신에게 크게 돌아올 것입니다"

나는 위 대사를 영화 〈변검〉에서 가장 인상 깊은 대사로 꼽는다. 한국변검을 창작하여 공연하게 된 이유도 영화 〈변검〉에서 영감을 얻어 중국변검을 배우게 된 동기가 되었다.

스승의 주홍무의 경극 변검

중국 주중문화원 공연 후 스승과 함께

제2부
새로운 공연예술, 한국변검

본 장에서는 한국변검의 수용과정과 창작에 차용한 한국 '탈' 이야기와 한국변검 창작에 차용한 우리 생활 속의 전통 오방색을 이야기를 통해 알아보고자 한다. 공연 예술적 특징들을 제작, 공연했던 내용과 중국변검이 한국에서 수용된 과정과 한국변검에서 응용한 탈의 종류와 의미, 오방색의 색채 미학를 바탕으로 창작된 한국변검의 정착 과정을 이야기하고자 한다.

1. 중국문화의 국내 수용

한국변검에 있어서 중국변검의 수용이라는 이야기를 풀어본다. 창작과 원류 구분에 대한 문제, 모방 수용에 있어서 모방과 독창성 문제, 한국변검의 새로운 예술 장르 인식에 대한 고찰, 그리고 중국 쓰촨 성 기예인 중국변검을 한국적으로 수용하는 문제에 있어서 수용 문화의 다양성에 대한 이야기이다. 나는 문화 수용이 자연스러운 시대 흐름이라고 생각한다, 문화를 받아들임에 있어서 그 형태 그대로 재연의 수용인지 아니면 창작의 수용인지는 각 수용하는 자가 어떠한 의식을 갖고 수용하느냐가 중요하다. 수용의 역사를 살펴보면 우리나라 문화도 가까운 주변국에서 수용해 왔으며, 주변국 또한 우리나라의 전통문화를 수용했다는 것을 볼 수 있었다. 전경욱 교수의 「한국 가면극과 그 주변 문화」에 의하면, 고대로부터 우리의 공연예술은 주변 여러 나라와 교류를 통해 항상 그 독자성과 우수성을 갖추어 온 경험이 있다고 서술하고 있다.

일찍이 삼국시대의 공연예술이 고대의 한류로서 중국과 일본 등 동아시아에서 굉장한 인기를 얻을 정도로 동아시아의 보편성과 함께 독자적 우수성을 갖추었던 모습을 살펴볼 수 있다. 우리는 삼국시대부터 조선시대 이르기까지 끊임없이 외래의 연희를 수용하여 공연예술을 풍부하게 영위하면서, 그것을 우리의 취향에 맞게 개작하여 한국화함으로써 새로운 예술성을 창출해 왔던 것이다. 이와 함께, 우리의 새로운 공연예술을 성립시킬 수 있었던 뿌리는 부여의 영고, 고구려의 동맹, 예의 무천 같은 제천의식이나, 마한의 농경 의식 같은 상고 사회의 가무 전통으로부터 이어지는 자생적. 토착적 공연예술이었다. 삼국시대에 서역과 중국으로부터 오래 연희들이 유입되었을 때, 이런 연희들을 감당할 수 있는 자생적 연희 전통이 있었기 때문에 삼국의 공연예술은 수준 높은 연희로 발전할 수 있었다.

전통악기에서도 몇 가지를 살펴볼 수 있다. 예로 가야금, 피리, 거문고 등은 개량되어 우리나라 악기로 변화하였고, "양금은 18세기에 중국을 통해서 들어왔지만, 유럽의 덜시머(dulcimer)가 중국을 거쳐 조선에 가지고 들어와 양금(洋琴)"이라고 불렸다.

양금은 지금까지 그대로 사용되고 있다. 물론 아무리 외래문화가 유입되었더라도 그것을 감당할 만한 토대가 없었다면, 재연의 수용밖에 되지 않았을 거라고 생각한다. 또한 주변국 중국과 일본에 고구려악 · 백제악 · 신라악을 전달함으로써 진정한 의미의 교류가 이루어질 수 있었다. 현재는 세계적으로 한류가 유행하고 있는 것이 큰 흐름이다. 나는 공연으로 중국을 오고 가면서 '한류열풍'을 실감했다. 1991년도에 중국에 있을 때에는 그다지 한류 열풍을 느끼지 못했는데 10년 뒤 베이징에 갔을 때는 드라마 〈대장금〉이 한국을 알리는 계기가 되어 중국인들이 한국어 한두 마디는 기본적으로 할 줄 알았다. 20년 전만 해도 해외에서 수입해 들어온 홍콩영화가 우리나라에서 선풍적인 인기를 얻었다. 당시 우리에게 성룡, 이연걸, 장국영, 왕조현 등 중국 배우들의 이름은 낯설지 않았다. 그렇지만 10년도 채 되지 않아 그 문화는 설자리를 잃게 되었고, 지금은 한국 드라마나 K-pop이 동남아시아 및 유럽에서 한류 열풍을 불러일으키고 있다. 이처럼 문화예술은 시대적인 흐름에 따라 자연스럽게 교류되었다는 것을 알 수 있다. 중국변검을 수용하면서 가장 궁극적인 목적은 문화를 수용하여 우리의 색깔로 개작하여 발전시키고, 또 새로운 문화예술의 한 장르를 만드는 것이다. 단순히 중국변검을 재연하는데 그치는 것이 아니라 새로운 변검 형식을 창작하여 공연문화예술의 다양성을 보여주는 것에 큰 의미를 두었다.

앞서 말한 바와 같이 변검은 1997년 중국의 〈변검〉이라는 영화를 통하여 우리나라에 알려지게 되었다. 80년~90년대는 중국 영화가 우리나라에 들어와 관객들에게 사랑을 받았던 시기였다. 성룡, 이연걸 등의 액션 영화로 시작하여 중국의 전통 경극를 소재로 한 영화 〈패왕별희〉를 통해 경극 문화 공연예술을 접하게 되었다. 그 후 영화 〈변검〉을 통해 우리나라에도 대중적으로 알려지면서 우리나라 사람들은 변검을 배워오기 시작했다. 나도 그중 한 사람이다. 내가 변검을 배워왔을 당시는 세 네 명에 불과했지만, 현재는 그 수가 급격히 늘어가는 추세이다. 인터넷 사이트 변검을 검색하면 홍보 사이트만도 30개가 훌쩍 넘는 것을 알 수 있다. 우리나라에도 돈벌이 수단으로 변검이 유람선 등 여러 형태의 공연장에서 많이 공연되고 있다. 어떤 동영상을 보면 제대로 연습이 안 된 채로 공연을 하다 보니 수준 낮은 공연으로 비추어질 때도 있다. 현재 한국에서 이루어지는 공연 형태는 크게 두 가지 형태이다. 중국변검을 그대로 재연 하는 형태와 한국식으로 재창작하여 공연하는 형태다.

변검배우 구본진(말뚝이변검)

구본진의 중국

1) 중국가면과 한국가면의 특징

한국 가면과 중국 가면을 비교하다 보면 고대로부터 전해지는 가면에 대한 이야기들이 있다. 전경욱의 「한국 가면극과 그 주변 문화」에서는 다음과 같이 서술하고 있다.

> 중국에서는 한국의 가면극 같은 전통적 양식의 가면극을 나희(儺戱)라고 부른다. 중국의 나희는 지역에 따라 나당희(儺堂戱), 동자희(僮子戱), 변인희(變人戱), 선고나희(扇鼓儺戱), 호도신희(嚎啕神戱), 단공희(端公戱) 등 다양한 명칭을 갖고 있다. 나희는 나례(儺禮)에서 기원한 가면극이다. 그래서 중국나희는 공연 중에 나제(儺祭)활동을 많이 삽입하는데, 그 목적은 잡귀와 역병을 몰아내고 상서로움과 길함을 불러오는 데 있다.

김학주는 「중국의 탈놀이와 탈」에서 중국 탈의 기원과 탈놀이의 발전과정을 신을 섬기는 상징, 신의 얼굴, 그리고 무속이나 민간 신앙 등 종교적 바탕이 깊게 깔려 있다고 이야기한다. 나는 오랜 연구 끝에 한국과 중국 가면의 시작은 무속 신앙이라는 것을 알 수 있었다.

중국에서 언제부터 나례가 행하여졌는지 정확히 알 수 없지만, 적어도 춘추(春秋)시대 이전부터 행해진 것만은 틀림없다. 일부에서는 나(儺)의 의식(儀式)이 상주(商周)에서 비롯되었다고 주장한다. 중국에서 실제로 가장 오래된 탈은 상(商, B.C.16세기~B.C.1027?) 나라 때의 것이다. 1986년에는 쓰촨(四川)성 광한(廣漢)의 싼싱투이(三星堆)에서 10여 개의 청동 탈이 발굴되었는데, 모두 쓰촨 성 청두(成都)의 사천박물관(四川博物館)에 보존되었다. '나례'나 '나희'라는 말과 '탈놀이' 사이에는 개념상의 약간의 차이가 있다.

한중 가면극에서 등장하는 가면의 공통점과 차이점에 대해서 이야기 해보고자한다. 한국과 중국의 가면극에 등장하는 가면들 중에서 공통적인 요소를 갖고 있는 경우가 있다. 우선 귀신을 쫓는 기능을 가진 벽사가면이다. 벽사가면은 사악한 기운을 쫓아내는 가면을 말한다. 가면의 험상궂은 형상이 잡귀와 잡신을 잡아낸다고 여겨 주로 무서운 형상을 한 경우가 많은 것이 특징이다. 그리고 한국과 중국의 가면에는 신을 상징하는 신성 가면이 공통적으로 존재한다.

한국과 중국의 가면극의 가장 큰 차이점은 각 장면의 구성에 있다. 한국 가면은 여러 장면으로 구성되어 있고, 각 장면은 각기 독립적인 내용을 다루고 있으면서도 장면과 장면의 유기적인 관계를 갖고 있다. 그리고 내용에서는 풍자적. 해학적인 것이 많다. 그러나 중국 가면은 한 편의 고사나 소설을 극화한 경우가 많아서, 전체 내용이 서사적인 것이 많다.

중국 가면극도 여러 장면으로 구성되어 있기는 하지만, 대부분 한 편의 서사물을 여러 장면으로 나누어 있는 것이 특징이다. 결국 한중 가면극의 가면들은 극의 내용이 다르기 때문에 배역의 차이를 갖고 있고 가면의 모습 또한. 많은 차이를 보이지만, 가면의 기능. 성격. 형태에서 유사성도 있다는 것을 알 수 있다.

이와같이 김원룡의 「한국 마술사」와 이두현의 「한국의 가면극」에서도 공통점을 이야기하고 있다. 특히 중국 변검에서 사용하는 검보는 중국 경극의 극중 인물의 이미지를 변검 가면으로 차용하였다.

2) 중국변검의 검보(臉甫), 분장

중국변검에서 차용한 경극과 곤극의 검보와 분장을 잠깐 이야기해본다.

경극

중국의 주요 전통극의 하나. 중국을 대표하는 전통 무대공연 예술인 경극은 1790년 베이징에 진입한 중국 안휘성 휘극(徽剧)의 기초 위에 곤곡(昆曲), 진강(秦腔), 한희(汉戏) 등과 결합해 변형된 극으로 서피(西皮)와 이황(二黄)이 주요 곡조로 사용된다. 베이징에서 형성되고 발전하게 되었기 때문에 경극이라는 이름을 갖게 되었다.

곤극

14~15세기 쑤저우(苏州) 쿤산(昆山)에서 시작되었기 때문에 곤극(昆剧) 또는 곤곡(昆曲)이라고 불린다. 경극과 천극 등 여러 중국 전통 연극에 기반이 되었기 때문에, '중국 희곡의 시조' 또는 '중국 희곡의 스승'이라고도 일컬어진다. 2001년에 유네스코 세계 무형문화유산으로 선정되었다.

경극은 중국의 모든 전통극 예술형식 가운데 가장 대표적인 것이다. 원래는 경극도 장쑤성의 곤극(昆剧)에서 발전하여 현대 중국을 대표하는 전통예술이 되었다.

곤극은 배우의 연기와 노래 중심으로 정적인 반면 경극은 중국의 전통음악(傳統音樂) · 시(詩) · 창(昌) · 영송(詠頌) · 무용(舞踊) · 곡예(曲藝)와 무술(武術) 등이 결합되어 하나의 종합예술로 발전했다.

또한 경극에서는 배역의 의상, 분장, 연기술에 있어서 하나의 극형식 속에서 노래 · 춤 · 말 등이 이처럼 골고루 갖춰진 연극 양식으로 다른 나라에는 없다. 그래서 관객들은 쉽게 배우가 갖춘 의상, 분장의 외모로만 보아도 그 역할을 이해하면서 볼 수 있다는 것을 김의경의 『경극과 매란방』에서 다음과 같이 표현하고 있다.

베이징 경극

난징 곤극

> 일상생활의 모든 활동은 무대 위에서 재현될 수 없는 것이기에, 경극에서는 표현을 상징적 방법으로 처리한다. 그러므로 신체동작은 문을 열거나 닫는 동작을 의미하고, 방으로 들어오거나 나가는 동작, 또는 계단을 오르거나 내려가는 동작을 의미하는가 하면, 산을 오르거나 강을 건너가는 동작을 의미하기도 한다. 채찍을 가지고 원을 그리며 도는 것은 말을 타는 모습이다. 마차를 타는 모습은 한 종자(從者)가 또 다른 배우의 양쪽에 바퀴가 그려진 깃발을 드는 것으로 표현한다.

또한, 경극에서 "배우의 분장은 배우의 중요한 의사전달 수단으로서 배우의 모습을 감추거나 변화시켜 등장인물에 맞는 배역을 창조하여 관객에게 극을 쉽게 이해하게 한다." 그리고 경극에서의 역(役)은 등장인물의 나이와 성격에 따라 분류된다.

모든 여자 역(女役)은 단(旦)이라 하는데, 이들은 다시 조용하고 점잖은 칭이(青衣), 활달하고 자유분방한 화단(花旦), 무술 여인 우단(武旦), 칼과 말 즉 무기를 잘 다루는 따오마단(刀馬旦), 늙은 여인 라오단(老旦)으

쵸우(丑) 역

화단(花旦) 역

장(淨) 역

로 나뉜다. 모든 남자 역(男役)은 셍(生)이라하는데, 노인은 라오셍(老生), 젊은 남자는 샤오셍(小生), 무인은 우셍(武生)으로 나뉜다.

경극에서는 배우의 얼굴에 그림을 그려 극중 심리를 표현하는데, 솔직하고 개방적이거나 거친 사람, 또는 간교하고 위험성 있는 사람의 분장을 얼굴에 그린다. 쵸우[丑]는 희극적인 인물로서 콧등과 눈언저리에 흰 칠을 하고 있다. 관객은 배역의 분장을 보고 충직한 사람과 선한 사람과 사악한 사람을 역할의 분장과 의상을 통해 쉽사리 구분할 수 있다. 경극도 원래는 민속예술이었다. 가장 특징적인 화장법은 징(浄)의 얼굴에 사용하는 선(線)과 가면(假面) 디자인일 것이다. 좌측 그림은 중국 경극 분장에서 쓰이는 분장 법이다.

분장의 특징은 분장을 시작할 때 연기자 인상을 권위 있게 만들기 위해 먼저 눈썹을 추켜세우는 것이다. 또한, 의상을 만드는데 역의 지위와 성격에 따라 엄격한 법을 적용했다.

머리치장, 특히 단의 머리치장은 그 아름다움이 극치에 이른다고 할 수 있다. 지금까지 중국 가면과 한국 가면의 비교 분석을 통해 중국 변검에서 사용하는 가면의 특징을 살펴볼 수 있었다. 다음 장부터 본격적으로 한국 변검의 창작하게 된 과정을 이야기해보도록 한다.

2. 한국변검의 창작

변검은 단순한 기예가 아니다. 가면 한장 한장 바꿀 때마다 인간 내면의 희로애락의 감정을 표현하여 독자적인 예술적 가치를 창조해 내는 것이다. 1997년 중국 영화 <변검>을 보았을 때 변검의 예술적 가치를 알게 되었다. 나를 완전히 매료시킨 것은 변검의 가면 체인지 기술이었다. 영화를 보고 난 후 개인적인 아이디어와 창작을 통해 중국변검을 한국형 변검으로 새롭게 창작하고 싶었다. 창작을 하다 보니 한국형 공연예술 장르로 승화시켜 보고 싶었다. 왜냐하면 지난 수십 년 동안 극단 미추에서 한국전통 연희를 다양하게 체득한 경험을 통해 한국변검을 나만의 것으로 창작할 수 있다는 자신감이 들었기 때문이다. 이제부터는 한국변검이 탄생하게 된 과정을 짚어보고자 한다. 한국변검을 이야기하자면 스승 주홍무 선생을 빼놓을 수 없다. 주홍무 스승과의 만남과 한국변검 창작과정을 소개한다.

1) 경극변검 주홍무 스승과 만남

나는 변검을 배우고 싶었지만, 여러 가지 형편상 쉽지 않았다. 말 그대로 하늘의 도움이 있었다. 2005년 마당놀이 <삼국지>공연을 하게 되면서 기예가 능한 중국 베이징 곤극단 배우 2명을 초청하여 공연을 했다. 그때 통역을 맡게 되면서 그 배우들과 친분을 맺게 되어 만난 스승이 주홍무 스승이었다. 만남은 이렇게 시작되었다.

스승 주홍무는 누구인가?

스승 주홍무

주홍무 스승은 12세에 중국 경극단에 입문한 국가 1급 배우였다. 현재는 퇴직하여 중국 광주에서 시니어 분들과 중국 전통문화 계승 발전과 창작에 힘쓰고 있다. 경극 경험을 바탕으로 경극식의 변검을 중국 내에서 처음으로 경극 변검을 창시했다.

2008년 4월 '변검'을 배우러 설레는 마음으로 북경으로 향했다. 스승님은 스쿠터를 타고 오셨다. 스승님을 처음 본 인상은 친근한 동네 아저씨 같았고 포근한 아버지 같은 인상이었다. 인사를 나눈 후 스승님에게 섬세한 훈련과정을 통해 하나씩 수련하기 시작했다. 수련의 과정은 총 3단계로 진행되었다.

1단계는 동작 수련이다. '변검'을 배우기 위해 중국 경극동작과 방향 진행할 때 그 발을 들고 향하고 절도 있는 손동작, 시선집중, 가면을 바꾸기 전 부채 동작으로 사람의 시선을 분산시키는 등 동작들을 익혔다.

2단계는 '변검' 복장과 소품의 제작 단계이다. 공연에 사용되는 의상의 세팅 순서 기술적인 방법 등을 순차적으로 학습하였다.

3단계는 '변검'에서 중요한 가면 제작방법을 익히는 단계로 '변검'에서 가장 중요한 단계라고 할 수 있다. 가면 재단 방법, 재봉질 하는 방법을 학습하였다.

4단계에서 가장 중요한 것은 작화 방법이다. 작화는 가장 극적이고 상징적 예술을 표현해야 하므로 그리는 사람의 혼을 담아 제작해야 하는 섬세함을 필요로하는 교육과정이다. 고난이도 훈련을 복습해가면서 '변검'예술의 전과정을 마쳤다. 이러한 훈련과정을 통하여 중국변검의 한국적 수용의 첫 단추를 마련하게 되었다.

끝으로 스승님은 이후 변검을 전승하려거든 총명한 사람보다 인성이 된 사람에게 전수하라고 말씀하셨다. 스승의 말씀이 무슨 뜻인지 변검공연을 하면서 알 수가 있었다.

중국으로부터 수용해온 '변검'을 본 연구자가 소속된 극단 미추에서 가면, 의상, 소품 등을 사용하여 첫 시연을 하였다 중국변검을 한국형 '변검'으로 개작하여 발표하는 데에는 두 달이 걸렸다. 아래 사진은 중국변검을 첫 시연한 공연 사진이다.

중국변검(2008년 6월 16일)

→

한국변검(2009년)

2) 중국변검에 한국 전통문화를 입히다.

한국화를 하면서 가면과 의상을 한국식으로 모두 바꾸었다. 가면은 가장 한국적인 우리나라 전통 탈을 차용했다. 가면의 선택은 그 무엇보다도 가장 중요했는데, 우리나라 사람들에게 가장 친숙하고 잘 알려져있는 전통 탈을 가면으로 차용한 것이다.

'탈'의 색(色)은 한국의 전통색인 오방색(五方色) "청(青), 적(赤), 황(黃), 백(白), 흑(黑), 색(色)"을 기본으로 정하고, 각각 가면이 갖고 있는 특징을 살리고, 탈의 색이 겹치는 색은 오방색을 인용하여 조화롭게 배열을 했다. 의상에 있어서 필수인 망토는 한국식 포(袍)로 바꾸었다.

포 안쪽에 입는 의상은 기본 복과 쾌자를 선택했다. 포와 쾌자는 '한국변검' 외장 장식을 하는데 있어서 겉옷으로 가장 중요한 역할을 한다. 신발은 의상과 조화를 이루기 위해 양반의 갓신으로 선택했다.

모자는 도령 모자를 선택하여 '변검' 준비과정에서 의상의 마지막으로 '변검'의 미(美)를 장식한다.

한국변검에서는 소품으로 부채는 춤사위를 출 때 사용하며, 때로는 '변검' 기술을 표현하고자 할 때 부채를 사용하여 관객들의 시선을 유도하거나 소품으로 사용한다. 몸짓은 한국무용 동작을 응용하여 한국변검을 창조하는데 응용했다.

소품은 한국변검 공연에서 매우 중요한 도구이다. 이 밖에도 공연의 내용과 성격, 대상 등 공연 상황에 따라 별도의 소도구들이 사용되기도 한다. 이런 한 도구들은 공연을 하는 동안 관객과의 소통과 공연의 완성도를 높이는데 일조한다.

한국변검에서 쓰이는 한량부채

포와 쾌자

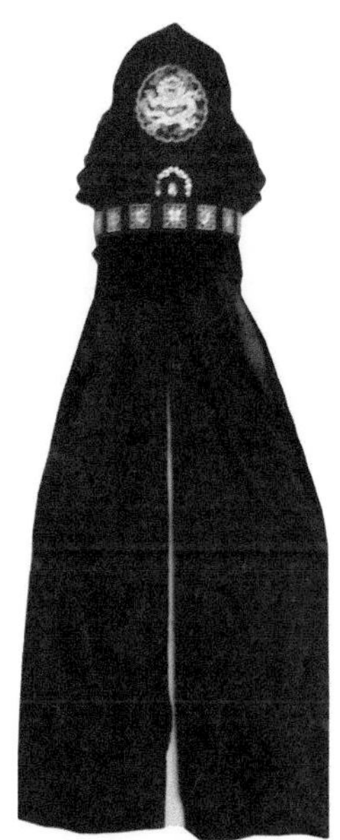

복건 모자

마술도구 꽃수건

한국 변검 공연신발

구 분	의 상	소 품	비 고
기본의상	의상기본복은 변검에 있어서 가장 중요하다.	부채	부채는 기술 동작과 한국적인 춤 동작할 때 사용.
쾌자	쾌자는 기본복의 기밀을 가려주기 위해 사용	꽃수건	꽃수건은 하나의 시선 집중하는데 필요한 도구이다.
포	'변검' 기술을 연기에 있어 밖에 입는 겉옷.	마술 지팡이	애사당 '탈'이 등장 할 때 쓰인다.
모자	모자는 '변검' 세팅 마지막에 쓴다.	신발	'한국변검' 의상 컨셉으로 신는 양반 갓신.

한국변검의 의상 및 소품

한국 의상을 입히다.

의상은 외적으로 표현하는 디자인 예술로서 한국변검에서는 전통방식의 의상으로 입혔다. 의상은 배우를 무대 위에서 가장 돋보이게 하는 시각적 표현이며 이미지를 표출한다. '변검'에서의 의상은 매우 중요하다. 화려함과 색의 조화로 관객의 눈을 즐겁게 하는 디자인 예술이다. 또한 '변검'에서 의상은 일반 의상과 달리 특수제작 되어 진다. '변검'의 기법 상 겉옷은 다른 의상같이 일반적으로 제작이 되지만, 안옷은 겉옷과 달리 공연 기법 상 특수하게 제작되어진다.

한국 전통민요 아리랑으로

"음악은 청각예술이다". 음악의 선택은 한 작품의 주요한 부분을 차지한다. 음악은 프롤로그부터 에필로그까지 한 작품을 이끌어 나가는 주제이기 때문이다. 그만큼 작품에 있어 관객에게 전달할 수 있는 또 하나의 예술적 가치와 품격을 만들어 준다. 처음 변검 공연을 할 때는 박범훈의 <축연무>로 공연을 해 왔지만 현재는 우리나라 전통민요 <아리랑>곡을 편곡하여 사용하며 극(劇)내용, 때로는 행사 형식에 따라 2부 음악은 박범훈의 곡 〈상암 아리랑〉을 편곡하여 제작 하였다 '인형변검'은 〈상암 아리랑〉 음악을 사용하여 공연을 한다. '변검'에서 음악은 매우 중요하다. 변검 예술은 하나의 순간 예술이라고 말할 수 있다. 순간 찰나의 가면을 체인지 하기 때문에 음악이 빠른 템포로 진행되어야 극(가면) 변화에 효과를 준다. 배우가 연희를 할 때 완급조절, 감정을 유도해주고, 동작이 바뀔 때 템포를 정해주기 때문에 그 중요성은 매우 높으며 관객에게는 청각적인 즐거움이 될 수 있다.

한국 춤사위로 춤을 추다.

"동작(제스처)은 시각적인 행위 예술이다" 움직임에는 동(動)과 정(靜)이 있다. 중국의 춤 동작은 동(動) 적인 것이 많지만 한국의 춤 동작은 정(靜) 적인 면이 많다. 한국변검도 끊어질듯하면서도 이어지는 한국 춤의 미를 살려 물 흐르듯 하는 동작을 하고 때로는 몸짓의 언어로 표현된다.

'변검'에서 동작(제스처)은 빼놓을 수 없을 만큼 중요하다. 배우의 동작 기술에 따라 공연 완성도가 달라진다. '변검' 공연 할 때 관객의 즉흥적인 반응을 주시하며 공연을 해야 한다. 가면에는 인물의 이미지와 일관된 표정만 있으므로 배우는 내적으로 가면의 이미지를 표현하면서 관객들의 분위기를 주시하며 눈빛 연기와 동작을 동시에 행해야 한다. '변검' 공연은 시각적으로 보는 공연예술이다. 관객이 시선을 놓치면 그걸 유도하기 위해 배우는 민첩한 동작 춤사위로 관객의 시선을 집중 시킨 다음 변검술을 해야 한다. 변검 예술에서 화려한 동작은 '변검'의 진수라 할 수 있다.

여는 문 관객과 인사

장단에 맞춘 춤사위

봉산 탈춤먹중의 허세 춤

도깨비 활달한 수호의 춤

먹중이 애사당을 유혹하는춤

1막 가면을 마무리 하면서 관객 시선유도

관객과의 눈빛 교감

탈의 이중성을 반영하는 홍백탈

한국변검의 마지막가면

배우의 맨얼굴

'변검' 예술이 한국변검에서는 다양한 몸짓, 기밀 의상, 춤 동작과 가면의 인물 체인지로 하나의 작품이 이루어진다.

한국 인형변검

인형변검은 또 하나의 새롭게 재창작한 공연예술이다. 한국의 남사당놀이 꼭두각시(덜미)에서 힌트를 얻어 창작하게 되었다. 나무 막대기를 이용하여 조종하는 막대기 인형(杖頭形), 천을 자루같이 만들어 조종하는 주머니 인형(布袋形), 신체 부위에 줄을 매어 조종하는 줄 인형(懸絲形), 몸통에 줄을 꿰어 조종하는 줄타기 인형(走線形) 등이 고대로부터 전승되었다. 현존하는 꼭두각시놀음 인형들은 거칠고, 단순하고, 소박한 형태로 그대로 간직하고 있다. 한국에서는 예부터 인형을 가리키는 말로 꼭두(꼭둑) 혹은 꼭두각시가 널리 사용되었다. '인형변검' 특징은 방법상의 기술 형식은 한국변검 구조와 같다. 한국 '인형변검'의 발현은 2011년 안동국제탈춤페스티벌에서 처음 시연되어 2013년 현재까지 발전하며 공연되어지고 있다. '인형변검'의 가면의 종류는 6장이며, 우리나라 중요무형문화재 제2호 양주별산대놀이, 중요무형문화재 제4호 수영야류, 중요무형문화재 제13호 강릉관노가면극, 중요무형문화재 제6호 통영오광대 등의 여인(女人) 가면을 차용하였다. 인형변검의 특징은 한국복식인 저고리, 치마, 머리에는 큰머리를 올려 한국 여인 인형으로 제작해 공연되어지고 있다.

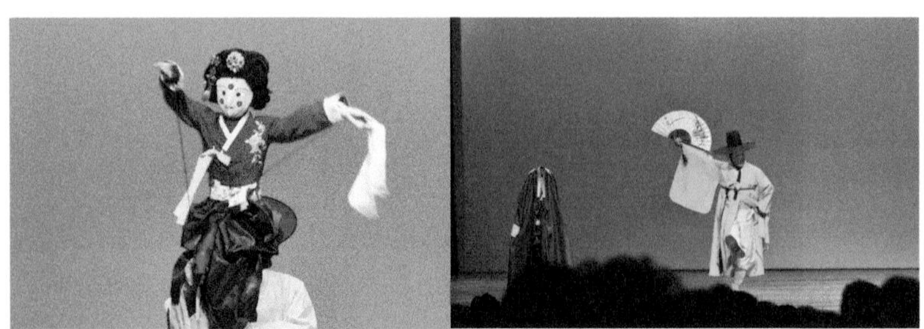

양평 <국악인의 밤> '인형변검'

한국변검 가면의 인물과 성격

가면의 인물은 각 지방 가면극에 자주 등장하는 먹중 · 취발이 · 도깨비 전통문양 · 말뚝이 · 도령탈 · 홍백가탈 · 애사당 등을 한국변검의 가면으로 차용하였다. 특히 우리나라 가면은 각탈마다 인물의 이미지를 표현하고 있다. 그럼 한국변검에서 응용한 가면의 각 인물 명칭과 성격과 탈이 가지고 있는 의미를 아래 표로 정리했다.

번호	탈 명	탈이 갖는 의미와 성격
1	강릉관노가면극 양반탈	양반은 원래 조선시대 벼슬인 문반과 무반으로 합쳐 양반이라고 했으나 민중들은 이들이 재물과 권력을 지닌 인물로 형상화 하였다.
2	봉산탈춤 목중	머리카락이 독특한 봉산탈춤의 목중. 파계승의 타락상을 잘 보여준다.
3	봉산탈춤 취발이	봉산탈춤의 취발이는 얼굴이 까맣다. 양반의 하인임에도 불구하고 유식하기론 양반 뺨을 칠정도이다.
4	전통 도깨비문양	전통 도깨비 문양 형상을 상상하여 의인화시켰다. 귀면(鬼面)은 질병, 재앙 등을 막아주는 주술적인 제기의 장식 의장이나 고분에서 상징적인 그림으로 많이 나타난다.
5	양주별산대놀이 말뚝이	우리나라 탈놀이에서 맹활약을 하는 인물 중 한명을 꼽으라면 바로 이 말뚝이다. 서민들과 소외 받은 사람들의 대변자로 거침없이 행동하고 풍자적인 대사로 관중들을 매료시킨다.
6	양주별산대놀이 먹중	파계승의 대표적인 목중, 속이 검다 하여 먹중이라 하기도 한다.
7	양주별산대놀이 애사당	애사당은 '어린사당' 이다. 사당은 지난날 지방을 떠돌아다니면서 노래와 춤을 연기해 보이고 몸도 팔던 유랑 연예인을 말한다.
8	고성오광대 도령탈	종가 도령 탈은 정상적으로 태어난 자식이 아니라 조금 모자라고 양반가를 비약하는 양반집 도령이다.
9	안동하회별신굿 양반탈	하회탈의 대표적인 양반은 가면예술의 극치를 보여준다. 얼굴 전체가 부드러운 선으로 묘사되어 있고 여유로운 표정이다.
10	통영오광대 홍백가탈	한쪽은 홍가가 만들고 다른 한쪽은 백가가 만들었다는 홍백양반. 양반의 근본을 비판하는 탈이다.
11	봉산탈춤 말뚝이	봉산탈춤의 말뚝이는 검은 얼굴에 조그만 옴들이 얼굴 아랫부분에 여러 개나 있는 모습이다. 말뚝이의 재담은 관중들을 사로잡는다. 특히 봉산 말뚝이는 과거를 보아도 장원급제 할 만큼 유식하다.

한국변검에서 응용한 한국탈의 명칭과 의미

3) 한국 전통가면을 응용한 한국변검 가면

한국 가면의 기원을 살펴보면 각 연구자마다 조금씩의 차이점이 있다. 인간은 한 시대를 살아가면서 살아가는 시대에 맞게 창작하여 문화놀이를 향유해왔다. 상고시대, 삼국시대 예로부터 탈의 기능은 주술적, 신앙적인 가면에서 출발하여 점차 예능 가면으로 발전되었다고 한다. 우리나라에서 가면 탈춤의 최고의 전성기는 1930년 전후이다. 어떤 문화도 시대의 흐름이 있다. 다음은 한국 전통 가면에서 응용한 각 탈의 의미와 한국변검에서 창작을 하게 된 의미를 정리했다. 중요무형문화제 제2호 양주별산대(楊州別山臺)놀이, 제6호 통영오광대(統營五廣大), 제7호 고성오광대(固城五廣大), 제13호 강릉단오제에 속하는 강릉관노(江陵官奴)가면극, 제17호 봉산(鳳山)탈춤, 제18호 동래야류(東萊野遊), 제43호 수영(水營)야류, 제69호 하회별신(河回別神) 굿 탈놀이 그리고 전통문양 도깨비문양 등 주로 예능 '탈'을 한국변검으로 차용하였다. 한국변검은 마을 굿 놀이에서 유래해 발전해온 자생적. 토착적 가면과 예능 탈을 차용했다.

가면극은 각 지방에 따라 그 지역의 특색을 띠고 있으며, 놀이나 구성도 전개 방식에서는 이야기 탈춤 동작 등은 지역적 특색을 지니고 있다. 한국 가면을 연구하면서 한국 가면들은 시대를 거쳐 오면서 조금씩 세련되어지고 시대에 맞게 정교하게 만들어지고 변천해가는 것을 볼 수 있었

통영 홍백가 탈

현재 사용되는 홍백가 탈

예능가면 처용탈

다. 다음 그림에서 그것을 확인할 수 있다.

한국의 예능 '탈'은 무용탈로서 처용무의 처용탈, 연극탈로서 여러 탈놀이의 탈, 그리고 민속놀이의 탈로 풍물패의 잡색놀이와 용호놀이의 '탈' 등을 들 수 있다. 전경욱의 <한국의 전통연희>에서 예능 '탈'들을 분류한 것을 보면 다음과 같다.

앞에서 말한 바와 같이 각 지방의 가면을 한국변검 탈의 원형으로써 한국변검 제작에 활용하였다. 한국변검에서는 각 탈의 원형을 최대한 이미지를 가져와 현대화하고 한국변검에서 창작에 응용하고자 하는 한국 전통색 오방색을 배합하여 우리나라 '탈'에서 없는 색채인 황(黃), 청(靑)을 가미하여, 청(靑), 적(赤), 황(黃), 백(白), 흑(黑)을 차용하여 제작하였다. 한국변검에서 차용한 탈들이 가지고 있는 특징과 의미를 살펴보고 한국변검의 첫 번째 가면으로 강릉관노가면극에서 양반탈을 차용했다. 차용한 의미는 한국 탈에서의 백색(白色)은 신성(神聖)시 여기는 색이며 숭고하기 때문이다. 또한 백색은 순결을 의미하며 백의민족으로서 맥을 이어온 색이며 전통 오방색의 백색인 양반 가면 관노가면극을 차용했다.

강릉관노가면극

양반은 원래 조선시대 벼슬인 문반과 무반을 합쳐 양반이라고 했으나 민중들은 이들이 재물과 권력을 지닌 인물로 형상화하였다. 특히 관노가면극에서는 젊은 여성의 미색에 빠져 권위와 체면을 손상하는 부정적인 인물로 그려지며 조선시대 일부다처제의 모순을 보여주기도 한다. 광대란 뜻은 탈을 쓰고 노는 사람을 말하고 있으므로 "관노들이 양반의 탈을 쓰고 노는 광대"라는 뜻이다.

> 강릉관노가면놀이(江陵官奴戲)라고 하는 놀이도 구성이나 전개 방식에서는 농촌 탈춤을 따르고 있다. 강릉은 농촌마을이 아니고 지방 관장이 주재하는 큰 고을이다. 그 곳에서 여느 마을 굿보다 월등하게 규모가 큰 단오굿을 거행할 때 농민이 아닌 관노가 공연하니 놀이도 야단스러울 것 같지만 도시의 탈춤과는 거리가 멀고 오히려 농촌 본래의 모습을 확인하기에는 알맞은 자료이다.

강원도 강릉 지방 강릉단오제에서 전승되어 내려오는 관노극은 현존하는 탈놀이 중 관노들이 공연하던 것으로 전해지고 있다. 관노가면극은 우리나라 탈춤놀이 중 유일하게 대사 없이 춤과 동작만으로 이루어진 묵극(默劇), 또는 무언(無言) 가면극이다.

양반 풍자 과정을 형성하는 주요인물로 양반이 등장하는데 노쇠한 양반이 젊은 소매각시를 탐내고 접근하여 결국 성취하지만 풍자의 대상으로 우스꽝스럽게 되는 모습을 보여준다. 강릉관노 가면극의 양반 '탈'은 한국변검의 첫 번째 가면으로 차용되었으며, 연기법은 한국 전통춤 한량무로 시작한다.

강릉관노 가면극

한국변검의 양반가면

통영오광대

경남 통영에서 전해 내려오는 통영오광대놀이는 중요무형문화재 제6호이며, 부패한 양반들을 주제로 하는 '탈'놀이이다. 우리나라 경상남도(慶尙南道)에는 낙동강(落東江)을 중심으로 옛 경상좌도(慶尙左道)지역인 동쪽 지방에 들놀음(野遊)이라는 놀이가 전승되어 왔고, 통영오광대보존회에 따르면 다음과 같다.

"이 오광대를 분포지역으로 보아서 영남형(嶺南型) 혹은 남부형(南部型) 탈놀음으로 분류하기도 하고, 그 계통을 따져서 산대도감계통(山臺都監系統) 탈놀음이라고도 하고, 조선조 도시 발달을 배경으로 형성된 것이라 도시(都市) 탈춤이라 갈래짓기도 한다. 오광대는 떠돌아다니며 놀이를 하여 돈을 버는 전문적인 연희집단이 죽(竹) 방울 받기, 풍물(風物), 줄타기 등 여러 가지 놀이와 함께 공연하였던 예인오광대(藝人五廣大)와 놀이에 비전문적인 농민, 상인, 혹은 하급 관리 같은 그 지방의 주민들이 명절날 혹은 좋은 날을 택하여 모여서 노는 토착오광대(土着五廣大)로 나누어진다." 라고 소개하고 있다.

통영오광대에서 택한 홍백 탈의 의미를 현시대에 이중적인 삶을 표현하고자 해서 차용하였다. 통영오광대의 홍백 가탈은 아버지가 누구인지 알 수 없다는 뜻으로 얼굴의 반은 붉고 반은 하얗다. 즉 홍씨인지 백씨인지 모른다는 것이다. 이렇듯 근본부터 애매모호하게 표현한 것 자체가 양반을 심하게 조롱하고 있다. 홍백은 두 아비의 아들이므로 한쪽은 붉고 한쪽은 희다.

통영오광대 홍백가 탈

한국변검의 홍백 가면

봉산탈춤

봉산탈춤은 서해 일대(황해도)에 분포된 탈춤 중의 하나로 중요무형문화재 제17호이며, 황해도 여러 고장에서 추어오던 탈춤의 하나로 '해서 탈춤'의 대표 격이 되는 탈춤이다. 봉산탈춤 보존회에 따르면 다음과 같다.

"봉산탈춤은 그 극본과 춤 가면, 의상 및 반주음악에 있어 한국 가면무극의 해서형의 특징을 잘 지니고 있으며 역시 다른 가면무극과 마찬가지로 춤이 주가 되고 이에 몸짓, 동작, 재담과 노래가 따르는 형식이다. 중부지방의 양주별산대놀이에 비하면 그 춤은 뛰는 춤이 많아 활발하며 대륙 전래의 건무의 영향을 생각케 한다. 가면 역시 보다 사실적인 수법으로 특이하다."라고 소개하고 있다.

봉산탈춤에서는 한국변검 가면으로 목중, 말뚝이, 취발이 세 가지 탈을 차용했다. 봉산탈춤의 목중놀이는 어느 탈놀이에서나 큰 비중을 차지하지만 봉산탈춤만큼 큰 비중을 차지하는 경우는 드물다. 목중 '탈'의 색은 적색이지만 오방색을 응용하여 청색으로 제작하였다.

봉산탈춤의 말뚝이 탈은 검은 얼굴에 조금만 옴들이 얼굴 아랫부분에 여러 개 있으며, 말뚝이의 재담은 관중들을 사로잡고, 과거를 보아도 장원급제할 만큼 유식한 인물이다.

취발이는 오늘의 개그맨 못지않은 재담으로 관중들의 인기도 얻었다. 그러나 재담이 너무 선정적이기도 하여, 여성들이 외면하기도 하였다. 본 '탈'은 적색이지만 오방색의 황색으로 제작하였다.

봉산탈춤 목중

한국변검의 봉산목중가면

봉산탈춤 말뚝이

한국변검의 말뚝이가면

봉산탈춤 취발이

한국변검의 봉산취발이가면

안동하회별신굿

경상북도 지방의 탈놀이 중의 하나로 중요무형문화재 제69호이며, 지배계층의 양반과 선비의 허구성을 담은 이야기다. 회회별신굿 보존회에 따르면 다음과 같다.

우리나라에서 현존하는 가장 오래된 탈로서 지금은 각시, 중, 양반, 선비, 초랭이, 이매, 부네, 백정, 할미 9개의 탈들만 전해지며, 3개의 탈이 분실되었다. 하회탈은 우리나라 학계에서는 먼저 그 소중함을 알아주지 않던 중에 류한상 전 안동문화원 원장이 "하회 탈을 맥타카드(Arther Joseph Mactaggart) 교수에게 소개하여, 1954년 그 가치를 인정받아 해외 학계에 발표함으로써 하회탈이 세계 제일의 가면으로 극찬을 받았으며, 그 후에 국내 학계에서도 활발히 연구하여 국보로 인정하게 되었다. 양반탈은 위로 향하면 웃는 얼굴, 밑을 향하면 성낸 얼굴로 표정 변화가 일어나도록 되어 있다."라고 소개하고 있다.

안동 하회 탈 중 양반탈을 택한 것은 우리나라를 가장 대표하는 가면으로 널리 사용되고 있으며, 가면 얼굴 형태가 웃는 모습이 가장 멋지게 표현된 가면 중에 하나로서 차용했다. 하회 탈 중 양반탈은 가장 우수한 것으로 하회탈 하면 보통 양반탈이고, 각시 탈을 함께 얘기하는 경우도 많다. 얼굴형에서부터 눈썹 · 코 · 입 등이 매우 부드러운 선으로 묘사되어 있고 전체적으로 여유가 있어 보인다. 이것은 양반의 특성을 나타내는 것으로 "양반은 길에서 소나기를 만나도 경망스럽게 뛰어다니지 않는다." 혹은 "냉수 마시고도 이빨 쑤신다." 와 같은 속담과도 매우 어울리는 얼굴이다.

안동하회탈 양반탈　　　　한국변검의 화회탈 양반가면

양주별산대놀이

양주별산대놀이는 경기도 양주에서 전승되어 오는 가면극, 사월 초파일, 5월 단오, 8월 추석에 공연되는 중요무형문화재 제2호이다. 산대놀이란 중부지방의 탈춤을 가리키는 말이다. 양주별산대놀이는 서울 · 경기지방에서 즐겼던 산대도감극(山臺都監劇)의 한 갈래로 춤과 무언극, 덕담과 익살이 어우러진 민중 놀이이며, 양주별산대놀이보존회에 따르면 다음과 같다.

이 놀이는 약 250년 전부터 사월 초파일, 단오, 추석 등 크고 작은 명절과 비가 오길 기원하는 기우제 행사 때에 공연되었다. 양주별산대놀이는 중부지방 탈춤을 대표하는 놀이로서, 해서 탈춤인 봉산탈춤과 더불어 한국 가면극의 쌍벽을 이루는 놀이이다.

양주별산대놀이 가면을 한국 변검 가면으로 애사당, 먹중, 말뚝이 세 가지이다. '변검'에서 2막을 열 때 첫 가면으로 애사당 '탈'이 한국적인 아름다움과 새색시의 연지곤지 등의 표현을 우리나라 여인의 미를 살린 가면으로 차용했다.

먹중은 타락의 의미에서 차용했으며 가면의 원형 색은 붉은색이지만 한국변검에서는 오방색 중 벽(碧)색을 응용하여 제작했다.

말뚝이는 서민들과 소외 받은 사람들의 대변자로 거침없이 행동하고 풍자적인 대사로 관중들을 매료 시킨다 탈은 우리나라 민중들의 현시대를 반영하는 의미에서 차용했다.

양주별산대놀이 애사당

한국변검의 각시가면

양주별산대놀이 먹중

한국변검의 먹중

양주별산대놀이 말뚝이

한국변검의 양주말뚝이

고성오광대

우리나라 중요무형문화재 제7호인 고성오광대는 경남 고성 지방에서 전해 내려오는 가면극이다. 가면극은 우리가 흔히 탈춤이라고 부르고 있는 탈을 쓰고, 춤을 추며 재담을 하는 오래된 우리의 공연예술로서 다섯 마당으로 구성되어 있다. 고성오광대보존회에 따르면 다음과 같다.

오광대라는 뜻은 다섯 마당(5과장)으로 놀아지기 때문이라는 말과 다섯 명의 광대가 나와서 노는 놀음이기 때문이라는 말이 있으나 이 가운데 5과장으로 구성된 것은 고성의 경우이고 다른 지역은 다르게 구성된 경우도 있어 경남 일대의 모든 탈놀이의 이름으로 설명되기에는 설득력이 부족하고, 후자 동 · 서 · 남 · 북 · 중앙의 다섯 방위 (오방)를 상징하는 다섯 광대가 나와서 하는 놀이가 주가 되었기에 이것을 근간으로 오광대라는 명칭으로 두루 쓰이게 된 것 같다. 한국을 대표하는 탈춤으로서 현존하는 영남형 탈춤 중 가장 그 원형에 가깝게 전승되고 있으며 극보다는 춤이 월등히 앞서 있다는 평가를 받고 있다.

고성오광대에서 한국변검이 차용한 탈은 종가 도령 탈이다. 종가 도령 '탈'을 차용한 의미는 이 시대에 대접받지 못한 소외계층의 의미로 차용했다. 종가 도령의 탈은 양반을 조롱하는 의미를 담고 있다. 양반이 첩질을 하여 태어난 자식이며, 약간 덜떨어진 이미지로 표현하고 있다. 한국변검에서는 미학적으로 표현해서 탈을 제작하였다.

고성오광대 도령탈

한국변검의 도령 가면

전통 도깨비 문양

도깨비의 탈은 도깨비의 형상을 상상하여 의인화시킨 형상이다. 귀면(鬼面) 문양은 상징적인 형상을 문양화한 것, 주술적인 제기의 장식 의장이나 건축, 고분에서 상징적인 그림으로 많이 나타난다.

귀면(鬼面) 무늬라는 건 말 그대로 귀신 귀자, 낯면 자를 합쳐서 귀신이나 도깨비의 얼굴을 무늬로 표현한 것인데 무늬 하나하나마다 다른 뜻이 있는 것은 아니다. 옛날에는 질병 · 죽음 · 재앙 등을 사악한 귀신의 탓이라 믿고, 이런 귀신 쫓는 것은 더 강하고 사나운 귀신이어야만 한다고 여겼다. 인간은 나약함에 있어 귀신이나 도깨비의 힘을 빌리려 하였다. 하지만 진짜 도깨비나 귀신을 불러올 수는 없는 노릇이니 기와나 문고리에 귀신이나 도깨비형상을 새겼다. 즉, 귀면 무늬의 의미는 병이나 질병, 액운을 막는 수호신과 비슷한 의미를 둔다.

한국변검에서 도깨비 문양(鬼面)을 차용한 의미는 다음과 같다. 우리나라에서는 4라는 숫자의 의미는 일반적으로 안 좋은 뜻을 가지고 있어 액운을 막고 수호를 한다는 의미로 한국변검에서 4번째 가면에서 차용했으며, 마지막으로 다시 쓰는 가면에서도 액을 막는 수호신 의미에서 차용했다.

전통도깨비 문양

한국변검의 도깨비가면

4) 한국 탈의 색채 미학, 오방색

한국 전통 '탈'의 기본 색채는 우리나라 사람들은 아름다운 美를 추구해 왔다. 전통 오방색인 청, 홍, 황, 백, 흑 색을 이용하여 색의 미(美)를 표현했다. 각 지역에 분포 되어 있는 탈 춤 속에서도 우리나라 전통 오방색을 입힌 것을 볼 수 있다. 한국 '탈'의 색채는 우리 주변에서 쉽게 구할 수 있는 자연에서 색채를 얻어 사용해왔다. 꽃, 흙, 나무 열매, 들풀 등에서 색을 채취해서 사용되어 오다, 현재는 시대 변천으로 물감을 사용하고 있다. 한국변검의 가면과 의상에도 한국의 전통 오방색을 접목시켜 한국변검이 제작되었다. 한국변검에서 차용한 전통 오방색의 의미와 우리 생활 속에서 함께 해온 전통 오방색을 이야기해 보고자 한다.

오방색의 의미

우리나라 전통 색상인 오방색(五方色)의 의미를 이해하려면 상징 색으로서의 의미는 물론 자연색으로서의 의미에 대해서 이해를 해야 한다. 김혜주는 〈오방색의 현대적 적용 - 박생광을 중심으로〉에는 오방색의 의미를 다음과 같이 이야기하고 있다.

> 상징체계로서의 오방색은 다양한 의미가 함축된 동양 고유의 색채이며, 계절의 흐름, 빛의 밝고 어두움으로 반복되는 변화를 보임으로서 색채 체계 원리로 귀결되는 것은 타당하다. 그러나 상징체계로서의 오방색 개념을 이해하려면 먼저 오방색이 '관계 색', '상대 색' 임을 폭넓게 이해야 한다. 오방색은 동양 전통적인 다섯 가지 색상 청(靑), 적(赤), 황(黃), 백(白), 흑(黑)을 칭하며 오색은 방위, 계절, 신수 등과 상관관계를 가지고 있다.

다음 그림을 참조하면, 음향오행 원리에 따른, 오방색은 다음과 같은 맥락에서 이해할 수 있다.

오방색과 오행

즉 음의 기운이 한번 정(靜)하면 다시 양의 기운이 동(動)하게 된다. 태양의 빛이 시작되는 동(東)쪽은 양의 기운에 해당한다. 따뜻한 기운에서 나무의 푸른 생명이 시작되므로 청(靑)은 기운으로 가득한 오행 가운데 목(木)에 해당하며 만물이 소생하는 봄 '청(靑)색', 악귀를 쫓고 복을 기원하는 색으로 사용되어 왔다.

양(陽)의 기운이 극에 달하는 여름(夏)은 일조량이 증가하여 뜨거운 기운을 동반한다. 적(赤)은 오행 가운데 양(陽)의 기운 화(火)에 해당하며, 생성과 창조, 정열과 애정, 적극성을 뜻하고 만물을 꽃피우고 붉게 물 드린다 하여 강한 벽사의 색으로 사용되었다.

양이 극에 다르면 다시 음이 정(靜)하는데 이런 기운의 운행이 시작되면서 가을(秋)이 된다. 식은 것은 희뿌옇게 지각된다. 백(白)은 오행 가운데 금(金)에 해당하며 결백과 진실, 삶, 순결 등을 뜻하여 우리 민족은 예로부터 흰 백색을 즐겨 입었다. 북(北)쪽 흑(黑)은 오행 가운데 수(水)에 해당하며 인간의 지혜를 관장한다고 생각하였다.

열이 식은 상태의 현상을 지각한 색이다. 끝으로 '황(黃)'은 방(方)에 해당하는 중앙의 기운이다. '황(黃)'은 땅의 기운 토(土)를 의미하며, 우주의 중심이라 하여 임금의 위치인 방(方)의 색이라 가장 고귀한 색으로 여기어 임금의 권룡포를 만들었다. 청(靑), 적(赤), 황(黃) 백(白), 흑(黑)의 오방색이 각각 '색깔'이 아닌 자연현상에서 보이는 '빛깔'이라는 점이다. 우주의 운행 원리 및 기후변화의 상호관계성을 가지면서 지각된 현상색(顯像色)이라는 점에서 오방색의 매우 중요한 측면이 부각된다. 국립현대미술관이 발행한『한국 전통 표준 색명 및 색상』에 따른 오방정색과 전통 표준 색상 오방간 색을 표로 나타내어 보았다.

오방정색(五方正色)은 정하다		오방간색(五方間色)은 부정색	
청(靑)		벽(碧)	
적(赤)		록(綠)	
황(黃)		유황(騮黃)	
백(白)		자(紫)	
흑(黑)		홍(紅)	

오방정색과 오방간색

우리 생활 속의 오방색

오방색은 우리 생활 속에서도 많이 찾아볼 수 있다. 음향오행 사상에서 기반을 두어 우리 민족의 생활과 밀접한 관련을 맺고 있음을 볼 수 있다. 우리민족은 명절과 경사스러운 날이나 혼례와 같이 예를 올리는 날, 그리고 무속신앙을 통해 액을 쫓고 복을 기원하는 날에 색동옷을 입음으로써, 한국인이 지닌 고유한 美를 표현해 왔다. 색동은 우리 민족 고유의 배색 감각과 전통적인 색채조화를 보여주는 대표적인 예로서 삼국시대부터 현대에 이르기까지 한국인의 생활 속에 전수되고 있다. <녹원삼 혼례복>에서 보이는 것처럼 색동은 오행의 상생과 관련하여 장수하고 부귀와 영화를 누리도록 기원의 뜻을 담고 있으며, 우리 민족의 여러 문화적 전통 속에서 생활과 밀접한 관계를 가지고 사용되어 왔다. 녹원삼은 조선시대 공주 · 옹주 · 궁녀나 사대부 부녀자들이 입었던 예복으로 일반 민가에서도 신부의 혼례복으로 입었는데 문양에 차이를 두었다. 초록색의 사(紗)나 비단으로 만들고 소매에 홍색과 황색의 색동 끝에 흩겹의 한삼(汗衫)을 달았다. 원삼(圓衫)에는 꽃무늬를 화려하게 금박하였고 홍색의 띠를 둘렀으며, 머리에는 대 댕기와 도투락댕기를 장식하였다.

현재도 정월 초하루 설 명절이나 돌잔치에 오색 천을 사용하여 어린애들에게 오색 색동저고리를 입힌다. 이것은 나쁜 기운을 막고 무병장수를 기원하는 것이다. 사람이 죽었을 때 상여 앞에 만장 깃발을 세워 망자가 마지막으로 이승을 떠나 북망 산천 길에 악귀를 쫓기 위해 오방색 만장기를 앞에 들고 행렬을 한다. 궁궐, 사찰 처마, 지붕을 떠받치고 있는 기둥에서도 오방색 무늬의 화려한 장식을 엿볼 수 있다.

화려한 단청기둥의 오방색

또한, 오방색을 이용하여 신분을 색으로 상징을 했다. 오래전 동양에서는 신분의 높낮이를 오방색으로 적용해왔다. 우주의 중심을 상징하는 황색은 황제의 색이다. 조선의 국왕들은 고구려부터 조선에 이르기까지 적색 곤룡포(衮龍袍)를 입었다. 시대에 따라 약간씩 다른 면모를 보이긴 하지만, 관직에서도 품격에 따라 색깔을 달리하여 위계질서를 잡고자 했다.

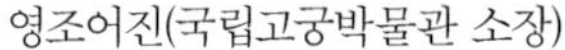
영조어진(국립고궁박물관 소장)

이우 초성화(1506년)

조선에서는 당상관인 정 1품에서 3품까지는 적색을, 당하관은 청색을, 품계가 낮은 7품에서 9품은 녹색 관복을 입었다. 여성의 예복인 원삼은 황후가 황원삼을, 왕비는 홍원삼을 비빈은 적원 삼을 입었고, 공주나 사대부 집안 부인들은 녹색 원삼으로 신분을 과시했다. 민간의 평상복으로 이러한 색깔의 옷을 금지한 사연은 염색에 들어가는 노동력과 경제성에도 원인이 있겠으나 색깔로써 신분질서를 정립할 필요성이 우선하였던 셈이다.

이렇듯 오방색은 생활과 문화 속으로 뿌리내려왔다. 우리 선조들은 오방색이 단순한 색으로만 인식한 것이 아니고, 방위, 계절, 종교적, 철학적 다방면으로 활용해 왔다. 사람들은 나쁜 기운과 사악함을 물리치고 안녕과 복을 기원하는 마음으로 오행에 따른 오방색을 용도와 신분에 맞게 구분하여 사용해왔으며, 오방색은 인간이 태어날 때부터 세상을 떠날 때까지 삶의 여러 영역에 함께해왔다.

한국변검과 오방색

한국변검에서는 전통 오방색(五方色)을 차용하였다. 오방색을 접하게 된 계기는 마당놀이 <쾌걸 박씨>공연을 하면서이다. 그 후로부터 우리나라 전통 오방색에 대해 관심을 갖게 되었다. 우리나라 전통 탈에서 오방색을 사용한 가면은 종이 가면 '가산오광대의 오방신장무'에서 볼 수 있다. 오방신 굿과 오행사상에서 "탈춤의 주제는 기원인 겨울과 여름의 싸움에서 그 원초적인 형태가 마련되고 노장과 취발이의 대결, 양반과 말뚝이의 대결, 샌님과 포도부장의 대결에서 나타나는 것이다."

또한 "늙고 무력하며 자식을 낳을 수 없는 할미가 겨울의 상징이라면 젊고 정력적이며 자식을 낳을 수 있는 첩은 여름의 상징이다. 겨울과 여름의 싸움에서 여름이 이기는 것은 당연한 일이다."라고 제시하였다. 따라서 노장 · 양반 · 샌님 · 할미를 겨울로 취발이 · 말뚝이 · 포도부장 · 첩을 여름으로 파악하고 있다. 또한, "오방신장 무는 바로 겨울과 여름의 싸움이 오행사상에 의해 변모되어 나타난 형태이다. 오방신장무(五方神裝舞) 도 이 이론에 의해 설명하고 있다. 이러한 오방색의 상징적 의미를 이정석은 <한국 탈의 특징과 유형에 따른 비교 연구와 재창조 방안>에서 오방색의 상징적 의미를 묘사하는데 이는 내가 생각하는 오방색과 같다.

한국 전통 '탈'에서 청색(靑色) 탈은 청색이 약간씩 선이나 점 등으로 쓰인 가면으로 양주, 강령, 은율, 송파, 고성오광대, 가산오광대 '탈'이 있으며 처용무의는 오방색 복색을 갖춘 처용 중 동쪽의 처용이 청색(靑色)이다. 가산오광대 탈은 첫째로 종이로 접은 탈 오방신장 '탈'중 진한 녹색(綠色) 오방간색이 있으며 둘째, 오방간색은 벽색(碧色)으로 중과 상좌가 있으며, 셋째 오방간색은 녹색(綠色)으로 포수와 몰이꾼이 있으며 넷째로는 송파의 연잎, 양주 산대의 연잎이 있다.

한국 전통 '탈'에서 오방간색 적색(赤色)은 다산(多産)을 뜻하며 용맹과 힘 그리고 정열과 쟁취를 뜻한다. 탈로서 적색은 열정과 성욕을 의미하며 단합과 계통을 지키며 탈의 색깔로는 크게 두드러지는 색깔로서 대담성을 함께 가져다주는 모든 탈을 대표하는 아주 포괄적인 느낌을 주는 색깔이다. 양주별산대놀이에 목중, 말뚝이, 봉산탈춤의 취발이탈, 목중탈 가산오광대탈 등이 있다. 한국 '탈'에서 황색(黃色)의 의미는 한국 가면에서 황색 탈은 약간의 배합 색이 가미 되었기로 토색(土色)에 가깝다고 보겠고 황색은 나약하고 늙고 가벼운 색이다. 통영오광대의 손님 양반 영노 담보 사자와 고성 오광대의 양반중 황봉사, 그리고 가산 오광대 오방신장 탈춤의 중앙 '탈' 종이 할미 탈이 황색으로 되어 있다. 황색은 낙엽색과도 같고 떨어져가는 생명처럼 아슬아슬해 보이듯 나약함과 이별을 뜻하는 황색을 늙은 탈에 비유한 것이 아닌가 싶다. 한국 '탈'에서의 백색(白色)은 신성(神聖)시 여기고 숭고하며 백색은 또한 순결을 의미한다. 백의민족으로서 맥을 이어온 전통 색채 관념은 음양오행설의 원리에 의해 강한 영향을 받아 형성되어 있고 한국 문화의 바탕 속에 널리 깊숙이 깔려져 있다. 황해도, 봉산, 강령, 은율 탈춤 중 상좌, 양반, 도령, 소무 탈이 백색이다.

한국 전통 '탈'에서 흑색(黑色)의 의미는 나약함과 괴쇠 후퇴 주검 깊은 늪 같은 감(感)을 주는 색깔로 장엄하거나 무기력하고 공허한 어떠한 무(無)의 세계라 할까 깊이 빠져들어 가는듯한 느낌을 주는 색깔이다. 관료의식이나 엄격한 느낌을 갖게 하는 강릉관노놀이 가면극의 시시딱딱이의 복색이다. 나례 의식에 쓰이는 방상시(方相氏)가면은 어두운 색깔 또는 검은색으로 엄숙하고 으스스한 분위기를 가져다준다. 특히 파계승으로서의 행실에서 나태함과 노쇠함 기(氣)를 상실한 절망과 죽음으로 연결되는 노장 노승의 검은색을 불안과 공포감을 주는 오방색 중에서는 가장 뚜렷한 색이다. 방상시는 궁중(宮中)의 나례(儺禮) 의식에서 악귀(惡鬼)를 쫓는 사람이다. 곰의 가죽을 쓰고 금빛 눈을 4개 달았으며, 붉은 웃옷에 검은 치마를 입고, 오른손에는 창과 왼손에는 방패를 들었다. 궁중의 나례 의식 외에 임금의 거동, 중국 사신의 영접 등에도 사용되었다. 장례(葬禮) 때 광중(壙中)의 악귀를 쫓는다는 목적으로 상여(喪輿) 앞에 방상시를 세우기도 한다. 『주례』에 의하면 하관(夏官)의 소관이었다는 것으로 보아 중국 고대 주(周) 나라 때부터 있었던 풍습인데, 우리나라에서는 고려시대부터 전해내려 오고 있다.

황해도 봉산탈춤 노장 말뚝이탈이 흑색이고 경기도 양주별산대놀이 '탈' 중 노장탈이 흑색이다. 그리고 송파산대놀이 탈 중 노장탈이 흑색이고 강령탈춤 중 노장탈이 흑색으로 채색된다. 경상도 지방 탈은 오방간색으로 배합한 중간색으로 고성 통영 가산은 어두운 간색으로 배합되어 있는 것이 주를 이룬다. 어두운 갈색으로 고성 오광대 탈은 종이 찰흙으로 만든 것이 주로 많다.

한국변검에서 오방색을 차용함에 있어서 차용하고자 하는 가면들의 색이 각 지역 '탈'들이 가지고 있는 색이 중복되는 색이 많다는 것을 알았다. 그래서 본 탈이 가지고 있는 색을 몇가지 탈들은 오방색으로 변형을 했다 이러한 이유는 변검 기예 원리는 얼굴이 변하는 것도 있지만 색의 변화를 중요시하고 있기 때문이다. 색이란 관객들이 시각적으로 가장 빠르게 변화되는 모습을 인식할 수 있기 때문이다.

김동영 변검 오봉산 석굴암 <산사음악회>

3. 한국변검의 공연예술적 특징

한국변검의 원류는 <중국변검>공연예술을 한국적으로 수용하여 새로운 공연 예술로 재창작된 것이다. 기본적으로 예술적 표현 방법을 살펴보면 한국변검만의 공연 양식과 특징을 가지고 있다. 그 특징을 이야기해보고자 한다.

1) 한국변검의 공연 양식

현재 한국변검의 공연 예술적 양식은 팬터마임과 같은 1인 극 형식이며 한국 전통 '탈'을 응용하여 창작한 1인 가면극의 공연예술이다. 서울, 강원도, 영남, 경기도 등에서 예부터 지금까지 전승되어지고 있는 각 지역 특색의 '탈'을 차용하여 공연한다. '변검'은 순간 예술 즉, 기예에 가까운 공연예술로서 하나의 공연문화로 자리매김하고 있다. 한국변검의 공연 양식은 천(天)·지(地)의 의미가 있다. 1막은 천(天)으로 두고, 2막은 지(地)로 둔다. 그리고 공연시간은 6분 정도 소요되며, 그 6분 안에 각 의미들을 단락으로 전개하였고, 한국의 전통 '탈'의 조형미, 한국음악, 한국 춤사위, 한국의상으로 제작하였다. 가능한 한 원형을 살리어 가면을 제작하고 미학적인 시각을 위해 한국 전통의 오방색(五方色) 적(赤) · 청(靑) · 황(黃) · 백(白) · 흑(黑)을 사용했다. 가면의 색이 중첩되는 가면의 색은 오방색의 원형 바탕으로 작화하였다. 한국변검의 총 가면의 수는 12장으로 이루어져 있으며, 12라는 숫자의 예부터 의미 있는 숫자였다. 1년도 12달, 띠도 12간지가 존재한다. 서양의 피아노 옥타브도 12개의 반음으로 이루어져 있다. 동, 서양에서는 12라는 숫자를 신비의 숫자로 여긴다. 하루도 24시간이지만 12시간으로 나누어서 계산한다. 12수는 신성하고 완전한 하늘의 수 3과 물질적이고 유기체적인 것을 상징하는 4의 의미를 곱하여 (3 X 4 = 12) 나오는 수이기도 하다. 한국변검에서도 12수의 의미로 가면을 12가면으로 제작되었다.

변검은 공연양식에 있어서 단순한 기예로만 보여 질수 있다. 하지만 '변검' 안에는 여러 가지 연극적인 요소들인 희로애락 등이 있다. 양반을 조롱하는 말뚝이 '탈', 오늘날에 개그맨 못지않은 재담으로 관중들에 웃음을 자아내는 취발이 '탈', 여인이 유랑 연예인으로 삶을 살아가는 각시탈, 현시대에 양면성을 표현하는 긍정과 부정의 탈 홍백가 '탈', 있는 자의 허세를 부리는 양반 '탈' 등 특징이 있다. 그리고 공연양식에 있어서 반드시 틀 구조 안에서 공연이 이루어지는 상황은 아니다. 때에 따라서는 즉흥적인 연기 양식을 해야 한다. 나는 공연하면서 점차 발전해 나간 것은 스타니스랍스끼(Konstantin Stanislavski) 연기론에 기초하는데 내면의 세계의 잠재의식을 꺼내어 관객에게 즉흥을 발휘하는 것이다. 즉 "즉흥을 하는 배우는 주어진 상황들을 개인적인 창조를 위한 자유로운 사고와 상상력을 활용한다. 무대에서 똑같은 역할을 몇 번을 반복한다 해도 매 순간 체험을 하고 있는 매번 새로운 뉘앙스의 연기를 배우는 소화 해내야 한다."는 것이다. 이처럼 한국변검이 하나의 문화콘텐츠로 자리 잡기 위해 어떠한 상황에서도 배우는 공연 양식에 얽매이지 말고 매 순간을 창조를 해야만 하는 것이다.

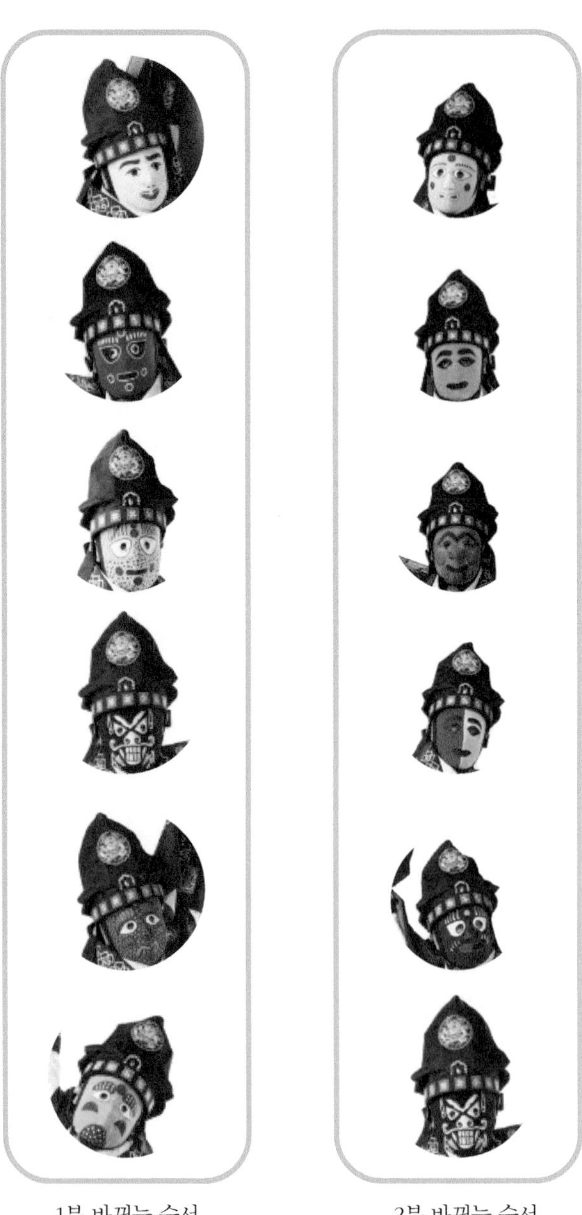

1부 바뀌는 순서

2부 바뀌는 순서

2) 한국변검의 공연 구성

'변검' 공연을 하면서 느낀 점은 가면을 바꾸는 기술도 중요하지만 가면 변화 이전에 공연 전체의 분위기 상황을 읽어 낼 줄 알아야 한다. 변검 공연의 특징은 즉흥성이 많이 있다. 가면 변화는 단순한 기예에 불과하지만 공연에 있어서는 즉흥적인 분위기를 잘 활용할 줄 알아야 한다.

관객과 교감하는 장면

20년 넘게 마당놀이 공연을 통해 관객과 즉흥적인 교감을 많이 경험했다. 교감은 한국변검에서도 많이 있다. 때로는 예상치 못한 관객의 즉흥적 반응이 있다. 갑자기 포옹을 한다든가 이럴 때는 당황해서는 안 된다. 즉흥은 배우가 잘 풀어나가야 한다. 스타니슬랍스키는 이렇게 말했다.

"즉흥에 익숙한 배우는 작가가 자신에게 준 주제, 대사 인물 성격 등을 자신의 창조적 개성의 자유로운 표출을 위한 도구로 사용한다." 그는 똑같은 역할을 같은 무대에서 몇 번이고 반복해도, 매 순간마다 창조적인 영감으로 자신의 연기 완성도를 높이는 새로운 뉘앙스를 찾아내곤 한다. 배우의 즉흥성은 배우가 자신의 내적 심리의 욕구를 스스로 체득한다는 것을 의미한다. 곧, 자신을 예술가로서 발견해낸다는 것을 의미한다.

관객이 즉흥을 던지면 배우는 이를 도구로 이용해야 한다. 한국변검의 공연구성은 1막, 2막으로 구성되어 있으며, 구성 형식은 여는 마당, 관객과 교감마당, 마무리 닫는 마당으로 진행된다. 공연에서 사용하는 가면의 수는 총 12장의 구성으로 되어있으며, 이러한 공연구성과 형식은 정형화 된 것이 아니다. 연희자의 창작 형식이며, 창작자의 아이디어에 따라 양식과 구성은 자유롭게 창작이 될 수 있다. 이는 앞으로 한국변검이 정착하기 위해서는 많은 형식과 구성이 연희자들에 의해 자유롭고 다양하게 창작이 되어야 한다고 생각한다. 한국변검 공연 구성을 다음과 같이 표로 정리해본다.

구성	구성 형식	가면의 수		사용되는 탈	구성 동작
1막	여는 문	6개	1	강릉관노극 양반탈	꽃 마술과 한국춤사위
	마당		5	봉산탈춤 목중 봉산탈춤 취발이 도깨비문양 양주별산대놀이 말뚝이 양주별산대놀이 먹중	각 탈의 원형성을 춤과, 음악, 가면을 바꾸는 형식으로 구성
2막	여는 문	6개	1	양주별산대놀이 애사당	춤 동작
	교감		3	고성오광대 도령탈 안동하회양반탈 통영오광대 홍백가탈	관객과의 교감
	닫는 마당		2	봉산탈춤 말뚝이	말뚝이 마지막 탈과 공연자의 맨얼굴
				도깨비문양(回臉)	1막 전개과정 4번째 탈을 사용

한국변검 공연 구성 표

여는 마당

30여 년 가깝게 배우로서 생활을 하고 있지만, 언제나 무대에 오르내리는 일은 항상 긴장이 되고 공연을 잘 해야 한다는 생각이 든다. 무대 등장과 동시에 배우는 무대의 분위기를 파악하고 그 공연 행사와 공연 스타일에 맞추어 배우는 즉흥적으로 공연을 이끌어 나가야 한다. 즉흥도 물론 기본 틀 안에서 진행이 되어야 한다. 한국변검 여는 마당은 구 아리랑 음악으로 시작하며, 한국의 춤의 정서를 느낄 수 있는 한량무로 시작해서 가면을 바꾸기 위한 동작으로 들어간다. 한두 장 가면을 교체하면서 관객과 내면의 교감을 한다. 1막에서 강릉관노극가면, 봉산탈춤 먹중, 봉산탈춤 취발이, 도깨비 문양, 양주별산대놀이 말뚝이, 양주별산대놀이 먹중, 6장을 바꾼다.

한국변검의 첫번째 가면

관객과의 교감

공연에 있어 관객과의 교감 없이 혼자만이 공연하고 무대를 내려오면 그 배우는 무대에 올라갈 가치가 없다. 배우는 매 한순간 관객과의 교감, 관객의 눈과 귀를 사로잡아야 한다. 특히 변검 공연은 1인 극으로 공연되어지기 때문에 그만큼 신경을 많이 써야 하는 공연이다. 내가 공연하는 변검 공연에서는 2막의 음악 코드가 바뀜과 동시에 다시 백색(白色)인 양주별산대놀이 애사당탈로 2막 문을 연다. 2막에서도 1막과 같이 화사하고 아름다운 우리나라 전통 탈인 연지 곤지를 찍은 애사당 '탈', 음(陰)과 양(陽)의 음(陰)으로 여(女)는 '땅'을 상징한다는 의미로 등장하고, 교태스러운 자태로 관객을 사로잡는다. 애사당 탈이 바뀌면 공연자는 무대에서 객석으로 내려와 관객과 악수(교감)를 하는 등 즉흥연기를 함으로써 관객의 반응을 이끌어내다가 공연자는 일순간 가면을 체인지 한다. 이때 관객은 배우와 극(행위) 몰입으로 교감, 일종의 텔레파시가 통한다. 애사당 탈에서 도령탈로 바뀌게 되는 순간이다. 관객과의 공연에서 직접적인 교감을 통해 즉, 일루전(illusion) 환상으로 만들어 낸다. 연희자의 화려한 몸짓과 기교는 관객과의 즉흥성 교감은 연출적인 방법에 따라 공연의 완성도는 달라 질 수 있다. 변검의 연희법은 배우의 연출 몫이다.

닫는 마당

어느 공연이든 마무리가 중요하다. 변검 기법의 최고의 클라이맥스인 배우의 맨얼굴에 다시 가면을 쓰는 장면이다. 훼이렌(回臉)이다. 이 기법은 변검을 한다는 사람들 중에서도 그리 많지는 않다. 그만큼 기술이 어렵고, 고난이도의 기법이다. 변검 고수들도 이 기법은 전수를 잘 안 해준다. 닫는 마당에서는 2막의 5장의 가면을 바꿔 가며 관객과 교감한 후 마지막에는 가면이 아닌 배우의 얼굴이 나온다. 관객들과 교감한 후 가면을 다시 쓰는 기술로 4번째 가면인 도깨비 문양의 귀면을 쓰고 다시 벗으면 공연이 마무리된다.

3) 변검의 무대 형식

무대는 한마디로 배우가 자기의 역량을 펼칠 수 있는 장(場)이다. '변검'은 마당극 무대, 프로시니엄(proscenium)형식의 다양한 형태의 공연장에서 공연이 이루어질 수 있다. 또한 실 내, 외 장소를 구분하지 않고 실연될 수 있다는 것이 장점이다. '변검'에서 무대에는 "배우의 숙달된 기술만이 무한한 세계로 무대 위에 펼쳐 보일 수 있기 때문이다. 배우 이외에 도구는 극(劇)의 상황에 따라 소품이 필요하다. 무(無)의 무대에서 무한(無限)의 세계를 묘사 해내는 주체는 결국 배우라는 살아있는 몸을 지닌 인간이다." 이처럼 '변검'에서의 무대는 배우의 창작무대이다.

마당극 무대는 "폐쇄된 공간이 아니라 삶과 예술의 연장선이 있는 개방 공간으로서 남녀노소 계층 구별 없이 폭넓고 다양한 관객들이 다 같이 참여할 수 있다"라고 할 수 있다. '변검'은 의상, 음악, 동작, 소품, 조명 등이 따로 분리된 것 같지만 연기 방식에 있어서 유기적으로 결합되어 변검 예술의 결정체를 이룬다.

한국변검 마지막 가면

배우 맨얼굴로 마무리

무대형식의 후웨이롄(回脸)

안동국제탈춤페스티벌 마당놀이형식

제3부
새로운 공연문화콘텐츠 다양화와 한국변검

고대로부터 우리의 공연예술은 주변 여러 나라와 교류를 통해 항상 그 독자성과 우수성을 갖추어 온 경험이 있다. 그래서 일찍이 삼국시대의 공연예술이 고대의 한류로서 중국과 일본 등 동아시아에서 굉장한 인기를 누릴 정도로 동아시아의 보편성과 함께 독자적 우수성을 갖추었던 모습을 살펴볼 수 있다. 우리는 삼국시대부터 조선시대에 이르기까지 끊임없이 외래의 연희를 수용하여 공연예술을 풍부하게 영위하면서, 그것을 우리의 취향에 맞게 개작하여 한국화함으로써 새로운 예술성을 창출해왔던 것이다. 전통을 지키는 것과 계승 발전시키는 문제와 는 현대에 이르러서는 상당히 대두되고 있다. 다양한 문화예술을 창작하고 세계축제를 개최하여 문화 교류를 하고 있으며, 그동안 한국변검을 공연하면서 느껴 왔던 문제점을 토대로 앞으로 해결해야 할 과제, 공연문화 콘텐츠로서 한국변검의 창작 의의와 발전적 과제들을 찾고자 한다.

1) 전통도 중요하지만 시대에 맞게 계승 발전하자

전통하면 우선 정형화되고 딱딱하다고 젊은 층들은 생각한다. 서양문화는 쉽고 편하게 받아들이지만 정작 우리나라 전통하면 어렵고 구시대적이라고 생각한다. 전통문화예술은 시대의 흐름에 따라 현대화하여 계승 발전시켜 나가야 한다. "현시대의 사상은 문화의 다양성과 기술의 다양성, 가치 추구의 다양성이다." 하지만 계승 발전도 전통을 완전히 무시해서는 안 된다. 전통을 지켜가는 부분도 있으면서 시대가 요구하는 흐름에 따라 발전해야 한다. 글로벌 시대에 우리의 문화를 알리는 것은 본질을 알아야 쉽게 설명할 수 있기 때문이다. 우리의 전통문화예술은 중요하고 가치가 있다.

해외 공연을 가보면 제3국의 나라 사람들은 한국적인 것을 알고 싶어 한다. (故)박동진 선생님께서 "우리 것은 좋은 것이여어~!" 말이 있다. 우리의 것을 모르면 창피해 얼굴이 붉어진다.

본질을 지키면서 새롭게 변해 가야 한다. 내가 경험한 예를 들어본다. 1993년 극단 미추에서 남사당놀이 중 버나놀이가 있다. 나는 기술을 전수받으면서 전통의 방식을 하나하나 익혀 갔다. 버나 기술을 배우던 중 "전통의 기술은 왜 이 방법 밖에 없을까?" 고민하면서 다른 기술을 연구하여 발표했다. 사람들은 멋지다고 환호를 해주었다. 그렇지만 전통을 가르치는 선생님 두 분이 계셨는데 한 분은 "야! 전통을 배우려면 똑바로 배워야지, 그런 거는 밤무대에서나 돌리는 거야"하고 호통을 치셨다. 나에게 버나 기술을 전수해주시던 박용태 선생님께서는 우리 선배들이 발전시키지 못했던 기술을 발전시키는 것은 좋은 일이라고 칭찬해주셨다. 그때 나는 공연에 여러 가지 기술을 선보였다. 손진책 선생님의 연출로 2인

1조 3인 1조 형식의 교차방식의 기술도 함께 선보였다. 반응은 매우 좋았다. 이후부터는 농악놀이에서 내가 연희했던 기술 외에 더 많은 기술들을 발전시켜 연희되어지고 있다. 지금은 버나는 혼자만 연희하는 기예가 아니라 다양한 기술로 관객들의 눈을 즐겁게 할 수 있다는 것을 확인할 수 있었다.

시대가 변하면서 가치가 달라지고 추구하는 방법도 다양해지기 때문이다. 문화의 다양성과 기술의 다양성, 가치 추구의 다양성을 요구하는 시대이다. 무형의 전통은 시대의 변화에 따라 점점 발전해가고 우리가 영화나 공상 과학으로만 생각했던 일들이 현실화 되어가고 있다. 핸드폰에서 인터넷이 실현되고 상상 할 수 없는 IT기술을 탑재해 시대의 문화를 변화 시키고 있다. 사람들은 더 많은 기능을 요구하고 갈망하고 있다. 전통을 지키되 시대에 맞게 계승 발전시키는 것 역시 중요하다고 생각한다.

중국 옌지 환란궁극장 〈아리랑 쇼 심청〉에서
중국 배우들에게 버나 전수 장면

유형의 전통문화재와 같은 국보문화재는 대대손손 우리의 후손들에게 잘 보존하여 물려주어야 하되, 놀이 문화는 우리가 잠시 이 세상을 살면서 즐기고 향유하고 계승 발전시켜야 하지만, 지정 문화예술, 전통문화재는 보존하여 우리 후손들에게 전승하는 것이 현시대를 살아가는 우리의 몫이다.

나는 몇 해 전 황당한 기사를 접한 적이 있다. 중국 정부에서 유네스코의 세계문화유산에 농악무(農樂舞)를 등재했다는 것이다. 자료를 검색해 보니 실제로 중국은 지린성 옌볜자치주에 거주하는 조선족의 농악무를 2009년 유네스코 무형문화재로 등재했다. 이는 2005년 강릉단오제를 우리 정부가 유네스코 무형문화재에 등재한 것에 대한 보복 조치였다. 이외에도 우리의 전통문화인 씨름, 아리랑, 김치 등을 자국의 문화로 편입하려는 시도가 있다는 얘기다. 우리 정부는 2012년 아리랑과 2013년 김장, 김치를 담그고 나누는 문화를 등재했고, 북한도 2014년 조선민요, 아리랑과 2015년 김치 담그기 전통을 유네스코에 등재했다. 씨름도 2018년 유네스코 등재를 앞두고 있다. 다른국가들은 정부정책으로 잃어버린 역사나 문화를 되찾아오고, 학자들을 앞세워 없는 것도 만들고 있는게 현실이다. 우리 정부도 또 다시 우리문화를 빼앗기는 일을 범해서는 안된다고 본다.

문화는 그 나라의 얼굴이며, 예술은 소통과 만남의 도구이고, 국가, 인종, 신분, 계급, 나이의 벽을 없애주는 도구이다. 한국변검의 문화 예술적 특징 역시 이 같은 맥락이라고 생각한다. 한국변검이 우리사회 문화예술 방면의 작은 부분에 불과하지만 우리 전통 가면을 세계에 알리는 전령사가 되고자 한다.

엔비엔 <아리랑 쇼>심청 공연 남사당놀이, 버나, 기예 전수 장면(정일님 제공)

2) 외래문화가 우리의 문화콘텐츠로 자리매김하는 한국변검

한국변검은 외래문화와 한국 문화가 만난 새로운 예술 장르이다. 외래문화는 수용되어야하는 당위성은 없지만 수용할 때 어떻게 수용해야 하는가 하는 방법적인 문제는 여러 가지가 있을 수 있다. '직접적인 수용과 수용하되 창작에 의해 창작적인 수용이 있다.'

직접적인 수용

직접적인 수용은 그 나라 형식의 문화를 모방. 재연하여 그대로 공연하는 예술이다. 예를 들면 발레, 뮤지컬, 오페라, 변검과 같은 제3의 나라 문화를 그대로 들여와 우리 사회에서 공연문화 장르로 자리매김이 되었다. 발레의 호두까기인형은 시즌이 되면 매년 공연이 정기적으로 공연이 이루어진다고 해도 과언이 아니다. 그렇다고 이것을 나쁘다고만 바라볼 수 없다. 다양한 문화를 접해야 다양한 문화를 만들어 내고 우리나라 문화도 더욱 풍성해지고 다양화될 수 있다고 생각한다.

"문화 예술이란 그 나라의 얼굴이다" 외래문화 수용에 있어서 필자는 조심스럽게 인터넷이 발달되고 있는 시대에 외래문화를 막는다고 해서 막을 수는 없다고 본다. 오히려 부작용만 키울 수 있다. 일찍이 시대적인 흐름에 따라 현대무용, 스포츠, 발레, 비보이 춤 등은 우리 사회에 깊숙이 자리 잡고 있다. 자연스럽게 받아들여져 거부감 없이 다양하게 문화 활동을 즐기고 있다. 문화는 유저들의 공감대를 형성하고, 상대의 의견을 인정해주고, 동의하여 대화와 소통 서로의 기본적인 공감과 이해에서 출발해야 한다.

창작적인 수용

창작적인 수용은 처음에는 그대로 수용 되어 오다 창작자나 시대의 흐름에 따라 아이디어를 창출하여 문화의 공감대를 형성하면서 또 하나의 문화예술 장르로 활용되고 있다. 요즘 문화의 트렌드로 주도를 하고 있는 뮤지컬, 발래 공연문화는 형식은 외래문화를 수용했지만 형식에 우리나라 이야기로 창작하여 공연 되어지고 있다. 그 예는 한국변검도 마찬가지다. 처음에는 나 혼자 한국식의 변검을 하였지만 지금은 몇몇 사람들이 제각기 다른 스타일로 한국화 하여 공연되어 지고 있다. 공연예술이 하나의 문화로 자리잡는데는 대중들의 관심도 중요하다. 하나의 예술을 1인만 연희 되어지는 것 보다 시대의 흐름에 따라 여러 사람들이 생겨나는 것이다. 문화는 혼자 즐겨서는 결코 대중적인 문화로 정착 할 수 없다. 여러 사람들이 하나의 예술을 사랑하고 연희함으로서 비로소 하나의 문화가 형성된다고 생각한다. 예술은 시대가 변하면서 다양한 창작예술이 생겨나고 있다. 국내외적으로 인기가 높은 난타, 공연은 한국의 전통 타악연주를 현대화 하여 대중들이 우리의 공연문화를 즐기고 더 가깝게 다가갈 수 있게 만들었다. 한편으로는 우리의 전통놀이 문화가 사라져 가고 있는 것이 아쉽다. 시대가 변해 가면서 놀이문화도 새롭게 만들어지고 없어지기도 한다. 옛 놀이 문화 중 자치기, 땅따먹기, 술래잡기, 오자미놀이, 팽이치기 등은 민속촌이나 가야 전통문화체험 놀이로 즐길 수 있다. 이러한 현실은 IT기술이 발전하면서 아날로그 시대는 소멸 되어가고, 디지털시대의 최고놀이라고 할 수 있는 게임은 같이 하는 협동성은 찾아보기 힘들다. 독자성 놀이 문화로 사회와는 단절 되는 개인주의 나 홀로 문화가 되어 가고 있는 것이 현실이다. 옛 놀이 문화는 개인 놀이보다 2인 이상 여러 명이 편을 갈라 즐길 수 있는 놀이 문화였는데 이런 전통놀이 문화가 사라진다는 것이 아쉽기도 하다.

뮤지컬 〈명성황후〉

오페라 〈배비장전〉

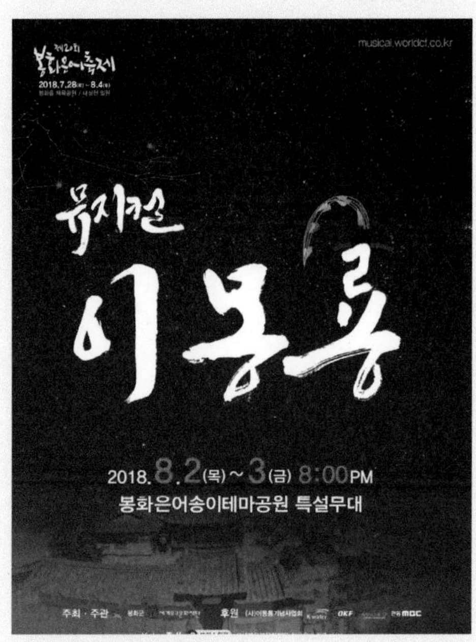

뮤지컬 〈이몽룡〉

오페라 〈춘향전〉

3) 한국변검이 앞으로의 발전해야 할 과제

레퍼토리의 다양성

한국변검을 제작하면서 복식과 가면, 음악과 몸짓까지 한국적으로 만들어 냈지만 아직까지는 한국적인 스토리텔링이 부족하다. 현재의 실연 내용은 한국의 음악에 맞추어 가면을 바꾸는 단계에 지나지 않는다고 해도 과언이 아니다. 앞으로 한국변검을 더욱 발전시키기 위해서는 그에 걸맞은 한국의 이야기를 바탕으로 극을 창작해야 한다. 예를 들어 우리 전통의 이야기인 흥부전, 심청전, 춘향전, 별주부전 등을 '변검'으로 할 수 있다면 그것이야말로 진정한 한국변검이 될 수 있을 것이다. 그러기 위해서는 해결해야 할 기술적 문제들이 아직 많이 존재한다.

다체롭게 2인1조, 3인1조, 여러사람들이 함께 공연하고 기술적인 면도 보안하여할 과제들이 많이 있다. 다양한 레페토리를 연구하고 더욱 발전하는 한국변검으로 승화시켜야 하는 것이 앞으로의 과제이다.

'변검'의 기술은 얇은 가면을 쓰고 있다가 하나씩 바꿔 가는 것이기 때문에 대사를 하기가 아주 어렵고 무엇보다 숨 쉬는 것 자체가 어렵기 때문이다. 이러한 기술적 문제들을 연구 개선해 나가야 할 것이다. 그 대안으로는 현재 음악에 의존하여 춤으로 표현하는 대신 우리나라 전통의 이야기를 스토리텔링 식의 MR을 사용한다던지 무대 뒤에서 성우가 따로 말을 해주는 방식 등이다.

마당놀이 공연 상암월드컵 경기장 상설무대

체계적인 후학 양성

현재 한국변검을 체계적으로 연구하고 한국적 콘텐츠를 활용하여 공연활동을 하는 사람은 나를 비롯해 몇몇이 공연하고 있다. 상호 비교하여 연구하며 앞으로 한국변검이 더욱 관객과 더 가깝게 다가갈 거라 생각한다. 그렇지만 체계적 교육은 반드시 필요하고 중요하다. '변검'의 질적 향상과 후학 인재 양성에 있어서 아주 중요한 부분이다. 연구하고 전승할 수 있는 공간과 토대를 만드는 일은 '변검' 발전을 위해 무엇보다 중요하기 때문이다.

앞에서 언급했듯이 '변검'의 기술은 중국정부가 기밀에 부칠 정도로 은밀히 전수되어지는 기예였다. 하지만 현재는 중국 내에서도 홈페이지 등을 통하여 '변검' 기술을 전수하겠다며 기술을 상업적 도구로 삼는 사람들이 나타나고 있다. 우리나라에서도 중국에서 의상과 가면 등을 싼 가격에 구입해 판매하는 식의 상업적인 행위를 하는 사람들이 있다. 이들은 '변검'의 예술적 가치를 저해하는 것이다. '변검'을 체계적으로 배우지 못한 일부 사람들이 간단한 기술만 익혀 한국에서 '변검'의 타이틀을 걸고 공연을 하는데 잘 하지 못할 경우 일반 대중들이 '변검'의 전부라고 생각할까봐 안타깝다. '변검'을 돈을 벌기 위한 수단으로 생각해서는 안 된다.

후학을 양성하기 힘든 이유도 여기에 있다. '변검' 기술을 돈벌이의 수단으로 생각하는지 아니면 한국변검을 발전시키려는 예술적 목적을 가진 건지 구분하기도 어렵다. 이 때문에 후학을 거두기도 어려울뿐더러 쉽게 기술을 전수해 주기도 어려운 상황이다. 어려운 상황이지만 그럼에도 불구하고 기술은 전승이 되어야 한다. 중국 쓰촨 성 예술학교처럼 '변검' 아카데미를 열어 단계적이고 체계적으로 교육을 시스템을 갖추는 것을 방향과 목표로 삼고 있다. 한국변검의 미래를 위해 후학 양성은 꼭 필요한 부분이다.

광주시립극단 <전우치>(2013년)

한국변검 공연예술로서 콘텐츠 활성화

우리나라에는 각 지역마다 봄 · 여름 · 가을 · 겨울 계절별로 내려오는 지역문화 행사가 있다. 정책적으로 지역주민들의 문화 여가 생활 즐기기 위한 문화 콘텐츠 개발의 일원으로 정기 공연 등 각 지역 문화예술행사를 통하여 지역주민들에게 문화예술 욕구를 여러 가지 방향으로 해소하고 있지만, 그래도 아직까지는 모두가 누리는 문화혜택은 아닌 것 같다. 그렇다면 앞으로 우리가 나아가야 할 방향은 이미 제시되어 있는 것이다. 보다 많은 사람들이 보다 많은 문화예술 콘텐츠로 보존, 발전시켜서 지금까지 해소되지 못한 문화예술 욕구를 충족시켜야 할 것이다. '변검' 또한 공연예술 보존행위 만으로 끝나서는 안 된다. 기록의 가치는 보존에만 있는 것이 아니라 올바르게 전승되어지고 기초자료가 되어주는 역할이 더 중요하다. 한국변검 공연을 접한 관객들의 반응이 다양하게 나타나는데, 대부분 그동안 접해보지 못한 독특한 공연이라는 점에서 반응이 다양하게 나왔다.

> "색다르고, 우리 전통문화가 많이 와닿은 거 같아요. 가족과 함께 나왔는데, 싸이가 뜨고 있는데, 싸이보다도 이런 전통적인 공연을, 자주 열어줌으로 인해서 애들도 그렇고 색다른 걸 많이 본 것 같아요. 그런 것들이 많이 알려지지 않았지만, 이런 식으로 공연으로 해서 '변검'이 우리나라에도 많은 사람들이 보고 신기해하면서도, 문화적인 것을 답습했으면 좋겠어요."

한국변검 공연 관람자 인터뷰 중에서

> <중국변검>과 한국변검의 차이에 대한 반응도 다양하게 엿볼 수 있었는데, 새로운 형식의 한국변검에 대한 반응도 긍정적이었다. "원래 중국 '변검'이었는데 우리나라 식으로 바꿔서 더 흥미롭고 좋은 경험이었고, 한류를 세계에 알리는 좋은 계기가 될 것 같습니다."

한국변검 공연 관람자 인터뷰 중에서

아르코예술 소극장 연극 <저승>

대구 - 신나는 국악여행 - 특별출연

L.A 초청공연 포스터

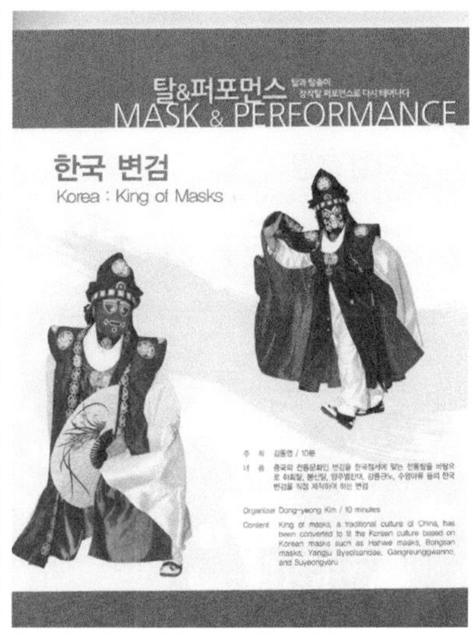

안동국제탈춤 축제 공연 참가

문화가 경쟁력이다. 그 나라와 민족의 정체성을 드러낼 수 있는 '문화'야 말로 최고의 문화콘텐츠 상품이다. 『조선왕조실록』, 『승정원일기』, 『의궤』 등 옛 기록물에서 재생산되어진 역사 소재 콘텐츠들이 많다. 조선수문장 교대의식, 궁중의례, 진찬연, 정조 화성능행, 종묘제례, 석전대례 등은 이미 국가 이미지 제고에도 적지 않은 영향을 미치고 있는 국가적 문화콘텐츠의 하나이다. 매년 열리는 각 지방의 국제적인 문화행사인 안동국제탈춤페스티벌 등 공연에 참가하여 관중들부터 많은 사랑을 받고 있으며 한 공연 장르에 자리매김하고 있을 뿐만 아니라 관광문화산업 활성화에도 일조하고 있어 자부심을 느낀다.

한국변검 형식 체계와 학문적 정립

한국변검은 10년동안 꾸준히 공연하고 있으며, 하나의 예술 장르이다. 10년 전만 하더라도 중국변검만이 공연했다. 나는 중국변검 재연에 머무르지 않고 한국형 변검으로 창작하여 그 결과물인 한국변검의 기록으로 남기고 있다. 한국변검은 이 시대의 문화 예술 학문 등 사회 각 분야는 물론이거니와 중국을 중심으로 한국, 동아시아 글로벌 문화콘텐츠의 역학을 이해하는 자료로서도 가치가 크다. 공연예술의 하나로서 행사를 비롯한 '변검'의 기록 자료들은 한국변검이 예술 분야의 한 장르이자 개인적 견문을 넓히는 '변검'예술로서의 의미도 부여했다. 대표적인 예로 우리나라 공연예술 활동에 많은 참여를 하고 있다. '변검'은 한국 공연 예술 문화에 국내적으로 대중들에 호응을 받고 있다. 그로 인하여 더욱 공고하게 '변검'의 위상을 확보하게 된 계기가 마련되었다. 2008년부터 양주 세계민속극 축제로부터 시작하여 안동국제탈춤축제, 경북 한국 전통연희 축제, 연극, TV 드라마 등 각종 공연에 참여하고 있으며, 이러한 관중들의 호응을 바탕으로 명실 공히 한 공연예술계의 글로벌 공연예술 콘텐츠로 자리매김 하게 된 것이다.

이러한 공연활동에는 응당 결과물들이 남는다. 바로 공연 실연과 영상물인 '기록사진, 동영상' 자료이다. 앞으로 발전과정은 자료와 기록물을 통하여 분석하여 연구되어야 할 공연 예술 분야의 한 장르로서 한국변검을 체계적으로 정리하는 일이다.

한국변검이 대중들에게 대중화가 되고 친숙해질수록 현장 공연에 대한 욕구는 강렬해질 것이고, 시대의 흐름에 따라 그동안 확보된 한국변검 기록사진, 동영상 자료들을 적극적으로 활용하여 기존의 〈중국변검〉과 연구관련 분야의 음악, 춤 동작, Story 등 협력체계가 필요한 시점이다. 이렇듯 하나의 공연 장르로 자리매김한 한국변검의 연구, 개발은 지속적으로 이루어져야 하며 학문적 정립과 공연 형식을 체계화는 후학들이 한국변검을 이어나가는데 귀중한 자료로 활용되어야 할 것이다.

이를 위해서는 독창적이고 한국적인 변검 브랜드 창출을 도모하는 마케팅 전략이 필요하다. 또한, 한국변검이 하나의 문화로 정착할 수 있도록 국가의 정책적인 도움도 있어야 하나의 문화로서 뿌리 내릴 수 있다. 더 나아가 세계화로 나아갈 수 있게 하는 것이 한국변검이 풀어 나가야 할 과제라고 생각한다.

연극 〈저승〉 중에서 염라대왕

한국방송통신대학교 재능기부 공연

경북 전통 연희축제 초정공연

나오며

지금까지 한국변검의 창작 과정과 공연적 특징을 중심으로 한국변검이 공연예술의 한 장르로 정립되어온 과정을 이야기해보았다. 한국변검의 탄생 과정과 특징 그리고 미학적 근거와 예술적 가치, 새로운 창작 콘텐츠로서의 가능성 등을 기술해 보았으며, 글을 쓰면서 중국변검이 한국에 들어와 한국화로 제작되어 하나의 완성된 콘텐츠로 기초적인 단계를 벗어나 서서히 대중들에게 가깝게 다가가고 있다는 것을 느낄 수 있었다. 한국변검이 중국변검의 아류의 범위에 머무르는 것이 아니라 하나의 독립된 한국의 공연양식으로 발전할 가능성이 크다는 것도 대중들을 통하여 확인할 수 있었다. 그 근거는 한국 전통문화의 우수성이다. 한국의 전통문화 또한 중국의 전통문화 이상의 미학적 근거와 예술적 가치, 민중적 적층(積層)이 두텁게 이루어져 있다. 특히, '변검'의 주요 요소인 탈, 음악, 춤, 의상, 색(色) 등은 이미 검증된 예술적 가치를 지니고 있으며 이러한 요소들은 한국변검의 완성도를 높일 수 있기 때문에 매우 중요한 발견이라 생각한다. 하지만 한국변검이 발전해 나아가는 데에는 아직도 많은 어려움이 있다.

'변검'은 종합예술의 형태를 지니고 있다. 탈, 의상, 춤, 연기, 음악의 요소들이 결합되어 있어 그 분야의 전문가들의 연구와 참여가 체계적으로 이루어진다면 한국변검의 완성도는 달라질 수 있을 것이다. 영상, 퍼포먼스(무용, 무술 등), 음악 등과의 지속적 결합과 실험이 병행된다면 더욱 새로운 '변검'의 영역을 발견할 수 있을 것이다. 또한 SNS, 페이스북 등 현대적 대중매체들을 활용한 대중들과의 접근 활동도 매우 중요하다고 생각된다.

그러므로 한국변검의 기술발전과 다양한 '변검' 개발이 이루어져야하며 계승 발전하기 위해서는 많은 노력이 필요하다. 한국변검의 최초의 창작자로서 다양한 형태의 '변검' 캐릭터들을 개발하고 1인 극의 범주에서 벗어나 다수의 공연자들이 함께 공연하며 체계적인 후학 양성에 필요한 공간 확보를 위해 지속적으로 노력할 것이다.

한국을 대표하고 우리 문화의 우수성을 선양 시킬 수 있는 대표 상품 개발은 매우 중요한 국가 정책 어젠다에 속한다. 오늘날의 시대는 농업 기반사회와 산업화 사회를 지나 급변하는 정보화시대에 있다. "이 시대의 가치는 다름 아닌 문화콘텐츠 산업의 활성화이다. 문화콘텐츠 산업의 발전과 수출을 통한 재화 가치 창출에서 가장 바람직한 방향은 우리 문화 원형을 바탕으로 문화콘텐츠 상품을 개발하여 경제적 이윤도 극대화하는 동시에 국가 이미지도 높이는 것이다."

창조적 재조합, 재조합의 혁신 그리고 창조적 상상력을 가진 예술인에 의해 전통문화의 새로운 문화적 패러다임이 창출되게 될 것이다. 그리고 "세계의 문화코드와 그 흐름을 읽어내고 그것에 따른 다양한 공연양식을 창안해 낼 수 있는 힘, 한류(韓流)의 열풍이 동남아뿐 아니라 세계적으로 확산될 수 있는 기초적 힘"이 결국 세계 속에서 우수 문화에 대한 우호적인 수용성, 더 나아가 전 세계 문화의 동질화의 이해임을 생각할 때 본 연구가 또 다른 韓流에 기여하기를 바라는 마음이다. 비록 중국변검을 수용하기는 하였으나 한국 전통문화를 활용하여 새로운 공연 콘텐츠를 창작했다는 의미와 더불어 한국변검이 새로운 장르로 발전하여 변검 예술을 배우고자 하는 후학들에게 작은 보탬이 된다면 더 할 나위 없다.

최고의 장애는 자신 안에 있는 두려움이다.
사람이 살면서 가장 중요한 건
자신의 가치를 깨닫는 것이다.

一寸光陰 不可經
세상에 태어나 주어진 삶의 시간을
헛되이 보내서는 안된다.

변검 배우 김동영이 걸어온 길……

배우 김동영 '배움"이란 끝이 없다.

好花不常開, 好景不常在

좋은 꽃은 항상 피어 있지 않고, 좋은 경치는 항상 있지 않다.

사람들은 나를 소박하고 정많고 항상 긍정적이고 밝은 얼굴을 가진 사람이라고 말한다. 산과 바다가 어우러져 풍광이 뛰어나고 굴비의 고장으로 널리 알려진 전남 영광에서 태어났다. 입학금 5천원이 없어 고등학교를 진학하지 못하고, 고향을 떠나 서울 양복점에 취직했다.

서울에서 처음으로 사회생활을 하게 된 곳은 양복점에서 옷을 만드는 직업이었다. 시대적으로 노동자는 묵묵히 일벌레같이 일만 해야 하는 상황이 너무 힘들어 "다시는 재봉틀 앞에 앉지 않을 거야" 하고 다짐을 하며 그만두었고. 그 후로 여러 가지 일을 했다.

나는 배우라는 직업을 통해 많은 역할을 하고 있다. 나처럼 다양한 직업을 경험한 사람도 많지 않을 것이다. 식당, 쌀집 배달, 노래 테이프 공장, 가방공장, 경양식 주방장, 사출기 공장, 밤무대 가수, 행상 판매, 등 5년 정도 밑바닥이라 여겨지는 생활을 무엇이든 다 해보았다. 사회생활을 하면서 어린 나이에 많은 어려움, 시련들을 정면 대응하며 이겨내야 했다. 하지만 어떤 일을 하던 시간이 지나면서 경험들이 내 안에 쌓여 나를 더욱 단단하게 만들고 이러한 경험들은 연기를 하는 나에게는 큰 자양분이 되었다.

어느 날 화교 친구들을 사귀게 되었는데 그 친구들이 돈을 잘 쓰는 걸 보았다. "너희들은 부자집 아들인가 보구나?" 물었더니,

"우리는 화교인데 중국어 통역을 하면서 우리 용돈을 벌어 써"라고 말했다. 나는 귀가 솔깃하여 그날로 중국어를 배우기로 마음먹고 화교 친구 부모가 운영하는 중국집 자장면 배달을 하면서 중국어를 배우기로 하였다.

어느 날 친구와 이야기를 하고 있었다.

그러자 친구 어머니가 친구를 불러 "너는 중학교밖에 안 나온 애하고 친구를 하느냐"하는 소리에 나는 정말 마음이 아팠다. 나는 이런 소리를

들었을 때 곡해해서 생각하기보다는 오히려 긍정적으로 지금 나로 하여금 공부하라는 하늘의 뜻이구나 하고 스스로를 바꾸는 전환의 계기로 삼고 한발 한발 인생 계단을 쌓아 갔다. 그 후 중국집 자장면 배달을 그만두고 새벽에 일어나 대입 검정고시 학원 다니면서 낮에는 보리차, 수세미를 파는 행상 아르바이트를 하였다.

또한 이대로 일하면서 나이가 들어갈 내 미래를 생각해 보기도 하고, 내 마음속에서 풀어낼 수 있는 것들이 바닥났다는 느낌……. 한계가 가늠되면서 '배움'에 대한 크나큰 갈증이 느껴졌다. 그 목마름을 채우려고 주경야독을 하였다. 몸은 힘들지만 오히려 마음만은 즐겁고 뿌듯한 희망적인 날들을 보냈다.

열심히 공부한 끝에 대입 검정고시에 합격해 곧바로 한국방송통신대학 중어중문학과에 입학하여 꿈에 그리던 공부를 맘껏 할 수 있게 되었다. 1학년부터 4학년까지 학과 임원 활동과 중문과 원어 연극반 등을 만들어 열심히 활동했다. '배움'이란, 책에서만 얻어지는 것이 아니라 여러 삶과 경험이 함께 했을 때 더 빛을 발한다는 믿음이 있었기 때문이다.

원어 연극반에서는 우리나라 전통 소설을 중국어로 번역하여 연극을 올리면서 학생들에게 큰 호응을 얻기도 했는데, 이 덕분에 연극에 대한 관심이 점점 더 커져 마침내 배우의 길까지 가게 되었다.

학교를 졸업하고, 연극을 전문적으로 하고 싶다는 생각이 들어 1992년 극단 미추에 입단하여 연극이론과 실기의 기초부터 한국무용, 소리, 현대무용, 전통악기 등을 배우며 프로 배우로 무대에 서게 되었다.

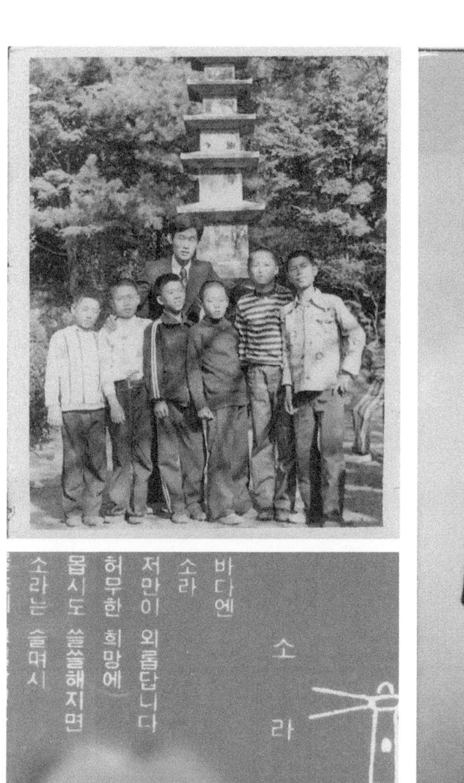

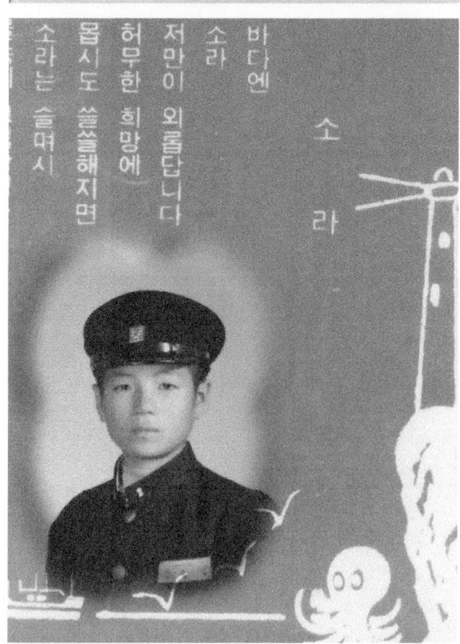

소라
바다엔
소라
저만이 외롭답니다
허무한 희망에
몹시도 쓸쓸해지면
소라는 슬며시

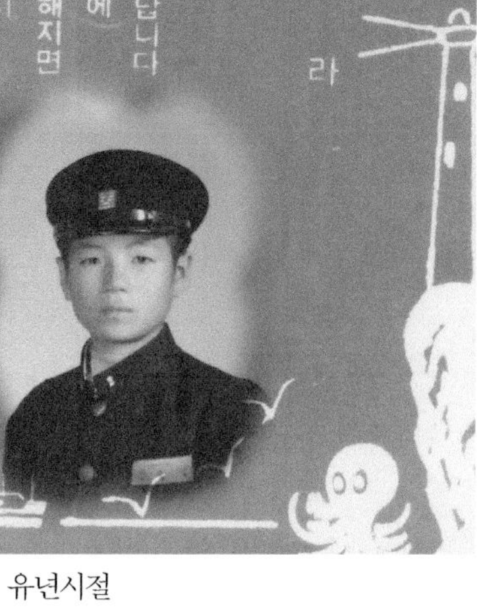

유년시절

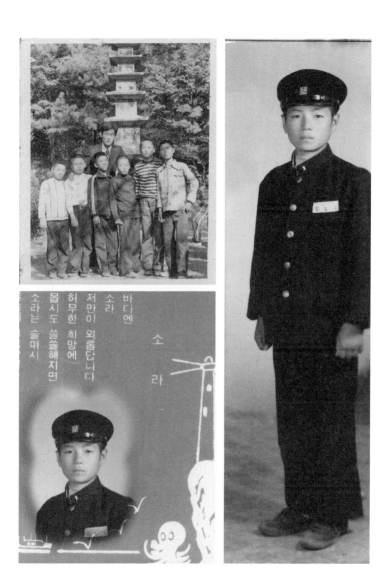

배우의 길을 걸으며….

배우의 길은 도를 닦는 것과도 같다.

어떤 때는 하루에도 열두 번씩 연기를 포기하고 싶을 때도 많았다.

힘든 일이 생길 때마다 힘이 되어주신 선생님이 계시다. 김성녀선생님은 내가 배우의 길로 걸어 가는 길에 어두움 속에서 밝혀주는 등대불처럼 항상 인생에 밝은 빛이 되어 주셨다. 어느 날 김성녀 선생님에게 고민 상담을 하였다. "제가 배우로서 능력이 있는지 묻고 싶습니다." 이렇게 말씀하셨다. "배우는 하루아침 되는 게 아니다. 윤문식 선생님이 하루아침에 윤문식이라는 이름으로 유명해진 게 아니다. 마당놀이 20년 이상 해온 경험이 오늘의 윤문식 선생님이 있는 것이다."라고 말씀하시며 "너도 내가 보기에는 너만이 가지고 있는 배우의 캐릭터가 있다. 그것은 언제 터득할지 모른다. 어느 날 갑자기 자기도 모르게 터득하게 된다." 이 말씀을 듣고 다시 마음을 잡고 연극 길로 걸어왔다. 중국 속담에 이런 속담이 있다.

(胖子不是一口吃的) 뚱뚱이는 한입 먹어서 그렇게 된 것이 아니다. 참고 견디고 열심히 노력한 끝에 2004년 서울연극제에서 연극 <빵집>으로 남자 연기상을 수상했다.

지금까지 연극 활동을 하면서 절실하게 느낀 것은 연극을 하던, 마당놀이를 하던 창작극을 하던 배우로서 토대가 갖추어야 진정한 연기를 통해 관객의 소통과 공감대를 이끌어낼 수 있다는 점이다. 예컨대, 배우가 작품에서 역할을 소화 해내려면 자기 자신을 아는 것이 먼저라고 생각한다. 각자 사람들마다 인생은 엑스트라가 아니다. 나의 인생은 내가 주인공이다.

한국방송대학교 중어중문학과 졸업

한국방송통신대학교 체육대회

대만 어학연수

한국방송통신대학 시절

셰익스피어의 〈한여름밤의 꿈〉

서울연극제 연기상 수상 후 극단 미추 단원들과 기념

〈빵집〉 2004년 - 서울연극제 연기상 수상

“변검을 배워야겠다는 계기”……

극단 ‘미추’에서 연기 활동할 그 당시 선생님들에게 이런 말씀을 종종 들었다. 우리 30년만 하고 마당놀이를 그만두자…. 그런 말을 들을 때마다 나만이 할 수 있는 것을 찾아야겠다는 생각에 변검을 배우기로 했다.

요즘 세상을 살아가려면 자기만이 할 수 있는 무언가가 있어야 “남이 날 인정해 주지”라는 생각에 10년 전 〈변검〉영화를 보고 꿈꾸어오던 변검을 배우고 싶다는 신념으로 가득 찼다. 아르바이트를 하면서 푼푼히 모아둔 돈을 가지고 변검을 배우러 베이징으로 향했다.

내 인생의 첫 직업으로 선택한 재봉 기술은 너무 힘들어 “다시는 재봉틀 앞에 앉지 않겠다.”고 말했던 것이 변검 제작을 하는데 제1호 기술이 되었다. “사람 일은 앞을 알 수 없다”는 말이 생각난다. 변검 의상은 기법상 비밀리 만들어져야 하기 때문에 남에게 맡길 수가 없다.

지금 와서 생각해보면 그 당시에 재봉을 배우지 않았더라면 변검 의상, 가면을 직접 제작을 못했을 것이다. 하늘에 고마움을 느낀다. ‘배움’이란 무엇이든 간에 자신의 것이 되면 언젠가는 귀하게 사용하게 된다는 것을 느끼게 한다. 주어진 일을 앞만 보고 열심히 하여 살다 보니 현재 모습이 되었다. 그 ‘배움’은 나에게 있어선 사막에 오아시스와도 같았다. 세종대학원을 다니면서 학문의 부족함을 채우고 변검이라는 예술을 체계적으로 정립을 위해 ‘변검’에 대한 논문을 썼다.

걸어온 인생길이 지금 살고 있는 스스로에게 얼마나 값진 삶 이였는지 변검을 하면서 깨달았다. 변검은 얼굴만 바꾸는 것이 아니라 나의 삶까지 바꾸었다.

지금 하고 있는 일을 후회하지 않는다.
나는 스스로에게 반문하고 다짐한다.

"매사에 긍정적인 삶을 살아가자!"

"불평불만을 토로하기보다는 불평할 시간에 자기 자신을 위해

투자를 하자."

"무엇이든 좋다.

자기가 즐거우면 좋다."

절망과 포기보단, '도전정신'은 나에게 희망의 꿈을 만들어 주었다. 자존심을 버리자, 대신 자존감을 찾자, 최고의 장애는 자신 안에 있는 두려움이다. 사람이 살면서 가장 중요한 건 자신의 가치를 깨닫는 것이다. 자신의 페이스에 맞추어 나아가야 한다고 생각한다.

우리나라 사람들은 빨리빨리 서두르는 습관이 있다. 나는 천천히 가는 사람이다. 그러나 뒤로는 가지 않는다. 변검을 하면서 왜 성공이 더디지 하며 조급한 마음을 가진 적도 있었다.

나에게 온 그 더딤은 나를 하나하나 알아가는 계기가 되었으며, 부족한 점을 채우는 계기가 되었다. 이 세상 꽃도 제각각 피는 시기가 있다 봄에 피는 꽃, 여름에 피는 꽃, 가을에 피는 꽃, 겨울에 피는 꽃이 있다. 사람마다 인생의 꽃은 어느 시기가 되는지는 가늠하기 어렵지만 그 시절에 피어난 꽃은 가장 아름답다고 생각한다. 자기를 사랑하자!

"돈은 남이 빼앗아 갈 수 있다."

하지만

"자기가 쌓은, 지식, 지혜와 몸에 체화된 경험은
그 누구도 빼앗아 갈 수 없다."

변검 공연을 한번 할 때 경험은 나의 스승이고, 차곡차곡 쌓여 자신의 몸에 체화되고, 변검 옷은 자신과 한 몸이 되어 가는 것을 느낄 수 있었다. 인생이 더디다고 좌절하지 않고 인내심을 갖고 연습하고 또 연습하다 보면 어느새 내 것이 되어 있었다. 자기의 것이 되었을 때 그 누구도 빼앗아 갈수 없다. 돈은 남이 빼앗아 갈 수 있지만, 자기가 쌓은, 지식, 지혜와 몸에 체화된 경험은 그 누구도 빼앗아 갈 수 없다는 것을 알 수 있었다.

영화 변검 주인공은 이런 말을 한다.

어떤 유명한 배우가 변검을 가르쳐 줄 수 없냐고 하자, 변검 왕은 "자식에게만 전수되고 타 지역 사람과 여자와 서자에게는 전수가 안 된다"는 말을 한다.

"비결을 팔아서 번 돈은 언젠가는 다 없어지는 법이요,"
"그러나 비결을 간직한다면 세상 어디를 가도 구걸은 안 하오."
"능력이 있으면 세상은 내 것이고, 예술인에게는 무대가 있고"

자기만의 기술을 갖고 있어야 한다. 요즘 현대 사람들은 노력보다 한탕 주위 한방의 인생 홈런 이러한 꿈을 꾸고 있다. 그것은 결코 오래가지 못할 것이다. 누가 먼저 도달했느냐가 중요한 게 아니고 어떻게 목적지에 왔느냐가 중요하다.

학교 우등생이 결코 사회의 우등생이 될 수는 없다. 현대사회는 1등 만능 주위 시대로 만들고 있다. 나도 학교에서 강단에 서고 있지만 사람마다 각자 잘하는 방면으로 자기 능력 개발을 할 수 있는 교육 정책을 해야 희망이 있을 거라고 생각한다.

요즘 가수 싸이가 글로벌 가수가 되었다. K팝은 우리 문화가 아니다. 그렇지만 세계적으로 한국을 널리 알리고 세계 문화예술 콘텐츠에 앞장서고 있다. 비보이도 마찬가지다. 우리 젊은 친구들이 워낙 세계대회에서 상을 휩쓸고 있으니 어떤 나라에서는 비보이 춤이 우리나라가 종주국인 것처럼 알고 있다. '배움'을 통해 자기 능력으로 희망의 꿈을 이루길 바란다. 사람은 가장 절망적일 때 가장 간절한 희망이 온다. 준비하지 않으면 기적도 오지 않는다, 지금 내가 행복한 것은 슬픔이 있었기 때문에 행복이 있는 것이다. 인생은 실패할 때 끝나는 것이 아니다. 포기할 때 끝나는 것이다.

비록 공연에서는 처음으로 쓰는 탈과 마지막으로 쓰는 탈로 끝을 맺지만 사실 관객들에게 탈이 변화되는 모습만 보여주려는 것이 아니다. 탈이 바뀌는 찰나의 순간, 인간이 가지고 있는 희망, 행복, 환희 즐거움을 갖길 바라며, 현대를 살아가면서 받는 불안감이나 절망감을 떨쳐버리고 자기만의 희망을 가질 수 있도록 하는 것이 나의 바람이다.

왜냐하면 첫 번째 탈에서 두 번째 탈로 바뀌는 순간에 우리는 과연 그다음에 어떠한 희망이 나타날 것인가를 생각하며 순간 무한한 사람의 희망을 떠올릴 수 있는 가능성을 찾게 될 것이다. 이러한 이유로 나는 무대에 계속 서고자 한다.

2018년 9월

가을이 오는 날

극단 미추 연극 <허삼관 매혈기> 한장면

마당놀이 <삼국지 오>의 유비 역할

tvN 드라마 〈삼총사〉

tvN 드라마 〈인현황후〉의 남자

SBS 드라마 〈뿌리깊은 나무〉

이승과 저승을 넘나드는 이야기, 연극 '저승'

국내 연극 최초로 변검을 선보인다. 변검이란 눈 깜짝할 사이에 얼굴의 가면을 바꾸는 기술로 중국에서 전통적으로 내려오는 천극의 레퍼토리 가운데 하나다. 연극 '저승' 에서는 중국에서 경극 변검을 창시한 주홍무선생에게 직접 사사를 받은 2004년에 서울연극제 연기상을 수상한 김동영 배우가 중국변검과는 다른 한국 정서에 맞는 전통 탈 등을 바탕으로 한 한국변검을 직접 제작, 공연한다.

개성의 강조와 감정의 변화를 도와주는 이 변검을 국내 연극 무대에서 최초로 실연해 보인다.

아주경제 뉴스 캡처 입력 : 2011-05-31

연극 <저승> 염라대왕 역할

안톤 체홉 연극 '플라토노프', 공연 실황 보니… 배우들 변검까지 선보이며 열연

1920년 발견된 안톤 체홉의 첫 번째 미완성 희곡을 무대화해 개막 전부터 화재를 모아온 '2016 안톤체홉 연극 플라토노프' 가 배우들의 열연이 돋보이는 공연 실황 사진을 공개했다.

권성덕과 장보규, 김응수는 이바노비취와 쉐르부르크, 빼트린 역에 출연한다. 이 외에도 김동영, 최승일, 박정학, 양창완, 구혜령, 김동균, 정연심 등 브라운관과 무대를 오가며 탄탄한 연기력으로 사랑받고 있는 명품 배우들의 출연도 극에 무게감을 더한다.

특히 극 중 사용된 변검은 극에 대한 집중도를 높였다. 야코프 역으로 분한 김동영은 중국 경극에서 얼굴을 순식간에 여러 차례 바꾸는 변검을 선보여 인물 간 복잡한 속 사정과 정서적 갈등과 번민, 교류 상황을 여실히 보여줬다는 평가다.

헤럴드경제 뉴스 캡처 2016-05-12

연극 <플라토노프> 집사역할 변검공연
2016년에는 극단 '체'에서 러시아 작품 <플라토노프>에서 러시아 가면을 이용해서 공연이 된바 있다.

[新 연암 로드] 마지막 도시 북경, 끝나지 않을 길

中과 스킨십… 마지막 밤 '사유의 절정' 변검 공연 보고 거리서 필담 나눠 문화예술 콘텐츠 교류 가능성 타진

1개 팀은 10위안인 돌 한 개와 이를 구매하면서 중국에 깊숙히 파고든 자본주의에 대한 서로의 단상을 함께 제시했다. 또 다른 한 팀은 '연암 박지원이 북경에 숨겨둔 작은 방울을 200년 후에 찾았다' 는 스토리를 창조해 연기하며 호응을 얻었다. 이처럼 같은 공간과 조건 속에서 각기 다른 시각과 결과물을 이끌어낸 추진단은 본격적으로 중국과의 스킨십을 즐겼다. 북경 코리아센터에서 중국 최초로 열린 한국변검 창시자 김동영과 그의 스승인 경극 공연 예술가 주홍무의 '한중 변검 공연' 을 보며 동아시아 문화예술 콘텐츠 교류 및 확장의 가능성을 타진했다. 추진단원 모두가 고개를 주억거리며 공감했다. 그렇기에 2015년 신연암 로드는 끝났지만, 함께 걸어야 할 새 길이 열렸다. [경인일보]

2015년 "신연암로드" 중국기행에서 중국 베이징
'주중 한국 문화원에서 스승과 한. 중 변검 공연

SBS 드라마 <장옥정 사랑에 살다> 한국 변검으로 출연, tvN <삼총사> 에서는 중국변검으로 출연, 2017.12.01. L.A 한국 문화 전승회관 L.A 문화원 초청공연, 국내에선 안동국제탈춤 축제, 경북 전통 연희축제, 대구 서구문화원 '신나는 국악여행' 등 다양한 장르를 넘나들며 공연을 하였다.

이처럼 '변검'은 과거 전통극에만 그치지 않고 현대극에서 직접 공연되기도 하고 현대극의 이야기로서 참여하면서 서서히 저변 확대가 되고 있다.

tvN <삼총사>

tvN <삼총사>

중국심양경극원 초청공연후 기념촬영

"함께 신명 나게 놀아볼까요~" … '2017 열린 마당, 두레'

미국과 한국 공연가 함께 내달 1일 LA 문화원서

강대승(한국 무형문화재 34호 강령탈춤 해외 명예 전승자), 박영안(해금연주가), 박종대(대금연주가), 심옥천(탈춤), 김진희(경기민요), 이현숙(탈춤), 원석미(탈춤) 등이 출연하며 한국에서는 정회천(국가무형문화재 제5호 판소리고법 전수조교), 김동영(한국변검)이 특별출연해 함께 한국의 전통국악과 한국 무용의 진수를 보여줄 예정이다. 한국 전통 탈과 음악 의상 춤 동작을 바탕으로 창작한 종합예술 '변검', 그리고 마지막으로 생동하는 흥취와 다양한 장단, 그리고 끊임없이 다채로운 변화를 이어가는 '사물놀이' 등 아홉 가지 다양한 한국 전통공연의 진수를 선보이게 된다.

[LA중앙일보] 기사 2017/11/29 19:24

L.A 초청공연 2017.12.01 한국문화원 기념사진

한국변검 창시자로 우뚝 선 연극배우 김동영

"내 삶의 목표는 한국 변검을 문화예술 콘텐츠로 세계에 알리는 일"

김동영은 중국 가면을 '한국 탈'로 변화시킨 극예술 공연을 하고 있는 한국의 대표적인 변검 전문 배우다. 그가 쓰는 가면은 한국의 전통 탈이다. 안동하회탈, 봉산탈, 강릉관노가면, 전통도깨비문양, 그리고 양주별산대놀이, 고성오광대, 통영오광대 등에 쓰이는 탈이다.

마당놀이 전문인 '극단 미추' 출신인 김동영은 지난 2004년 서울연극제에서 남자배우 연기상을 수상한 실력파 배우이기도 하다.

2008년에는 직접 중국으로 건너가 변검술을 배우기도 했는데, 중국 예
김동영은 끝으로 "내 삶의 목표는 한국 변검을 문화예술 콘텐츠로 세계에 알리는 일"이라며 "독특한 매력이 있고 흥도 있는 기예로, 중국의 기예가 아닌 한국 기예로 뿌리내릴 수 있게 후학을 양성하고 발전시키는 것이 꿈"라고 포부를 밝혔다.

미래일보 뉴스 캡처 2018.07.17

미래일보 인터뷰 기사

공연연보

2008~2010년

년 도	행사명	주최/주관단체	공연장소	비 고
2008.10	양주세계민속극축제 '한 · 중 변검배틀'	양주시/양주시축제위원회	양주별산대놀이마당	師弟공연
2009.07	영주달빛별빛 공연 이야기	영주소백산예술촌	영주소백산예술촌	
2009.08	울진 농업 엑스포 박람회	울진 농업 엑스포 박람회	울진농업 엑스포 박람회	
2009.11	마당놀이(이춘풍 난봉기)	극단미추	상암월드컵경기장 마당놀이특설무대	연극
2010.01	마당놀이(이춘풍 난봉기)	각 지방단체	각 지방 실내체육관 (순회공연)	연극
2010.05	정법사 산사 음악회	정법사	정법사	
2010.07	중랑구 재래시장 살리기 운동	중랑구청	중랑시장	
2010.10	봉화 송이축제	봉화시장 문화단	봉화군 체육공원 특설무대	
2010.10	안동국제 탈춤페스티벌 2010	안동시/(재)안동축제관광 조직위원회	탈춤공연장	
2010.10	고양행주문화제	고양시/(재)고양문화제단	어울림 꽃매 야외극장	
2010.10	오봉산 단풍음악제	석굴암	석굴암	

2011년도

년 도	행사명	주최/주관단체	공연장소	비 고
2011.06	중랑구 재래시장 살리기 운동	중랑구청	중랑시장	
2011.06	농촌희망 문화순회공연	농어촌 희망재단	영암군 영암문화원	
2011.06	농촌희망 문화순회공연	농어촌 희망재단	군례군 섬진아트홀	
2011.06	농촌희망 문화순회공연	농어촌 희망재단	정선군 정선 문화예술회관	
2011.06	연극 〈저승〉	한국공연예술센터 /극단 바람풀	아르코예술극장 소극장	연극
2011.07	농촌희망 문화순회공연	농어촌 희망재단	진천군 화랑관	
2011.08	우림보부상단	중랑구청	중랑구	
2011.10	안동국제 탈춤페스티벌2011	안동시/(재)안동축제관광 조직위원회	탈춤 공연장	

2012년도

년 도	행사명	주최/주관단체	공연장소	비 고
2012.01	중랑구 축제	중랑구청	중랑 초등학교	
2012.02	연극 〈저승〉	한국공연예술센터 /극단 바람풀	대학로 예술극장 대극장	연극
2012.04	한.중 메디칼세미나	한국 메디칼 성형협회, 보건복지부	리베라호텔	
2012.09	강남성모병원 기부공연	만성골수성 백혈병환자의 날	강남성모병원	
2012.10	경상북도 전통연희축제	한국전통연희단체총연합회 /경상북도지회	금오산도립공원 분수광장	
2012.12	다큐시리즈 '배움' 출연	방송대학 OUN	방송대학 스튜디오	TV
2012.12	꿈꾸는 대학로	방송대학 OUN	방송대학 스튜디오	TV

2013년도

년 도	행사명	주최/주관단체	공연장소	비 고
2013.03	장옥정 사랑에 살다	SBS	드라마	드라마
2013.05	양주 '여름향기' 축제	양주예총	양주별산대놀이 공연장	
2013.08	광주시립극단 〈전우치〉	광주시립극단	금남로 공원 야외무대	뮤지컬
2013.09	경북구미 전통연희축제	한국전통연희단체 총연합회 /경상북도지회	금오산도립공원 분수광장	
2013.10	광주시립극단 〈전우치〉	광주시립극단	금남로 공원 야외무대	뮤지컬
2013.10	안동국제 탈춤페스티벌2013	안동시/(재)안동축제관광 조직위원회	거리무대	
2013.10	양평국악인의 밤	한국예술문화단체 총연합회 양평지회	양평군민 회관	

2014년도

년 도	행사명	주최/주관단체	공연장소	비 고
2014.09	대구시립국악단 신나는 국악여행	대구광역시 서구문화원 /서구문화원	서구문화 회관	
2014.09	경북구미 전통연희축제	한국전통연희단체 총연합회/경상북도지회	금오산도립공원 분수광장	
2014.09	수원 다문화 한가족축제	수원시외국인센터	수원 제1 야외음악당	
2014.09	제1회 이몽룡 계서 성이성 마을문화제	영주소백산예술촌	계서당	
2014.10	제14회 산청한방약초축제	산청군/산청 한방약초 축제위원회	간이무대/대공연장	
2014.11	tvn 삼총사	tvn 제작국	tvn 드라마	드라마

2015년도

년 도	행사명	주최/주관단체	공연장소	비 고
2015.03	2015 정월대보름 음악회	군포문화재단	군포시문화예술 회관 수리홀	
2015.03	경북도립 국악단 신춘음악회	경북도립 국악단	영주문화예술회관	
2015.04	홍제문화예술축제	서울문화예술대학교 /서대문구	서울예술 실용전문학교	
2015.04	2015 나눔축제	삼도 청소년회/원불교	익산체육공원	
2015.05	2015 푸른꿈을 찾아서	삼성SDI	삼성SDI대운동장	
2015.05	류방택 별빛축제	서산문화원	서산문화회관광장	
2015.08.01	예술의전당 waking연극놀이	예술의전당	예술의전당	
2015.08.25	新 연암로드	경기문화재단	주중문화회관	해외공연 師弟공연
2015.09.29	경상북도 전통연희축제	한구전통연희단체 경상북도지회	금오산 도립공원 분수광장	
2015.10.25	제5회 오산시 다하나 한마음축제	오산시청	오산시청 광장	
2015.11.09	안휘성 우견신사	안휘성	디지털방송콘텐츠 지원센터	TV 해외방송

2016년도

년 도	행사명	주최/주관단체	공연장소	비 고
2016.05. 06~15	연극 플라토노프	극단 체	아르코예술대극장	연극
2016.09.24	사랑의 나눔장터	(사)고양방송예술인협회	호수공원광장	
2016.10.26	영주달빛별빛 공연 이야기	영주소백산 예술촌	영주소백산 예술촌	
2016.10. 02.~03	봉화 송이축제	봉화군축제위원회	봉화군 체육공원 특설무대	
2016.12.07	새희망씨앗 후원의밤	구로구청	구로구민회관	

2017년도

년 도	행사명	주최/주관단체	공연장소	비 고
2017.01.21	방송대 총장배 노래자랑	한국방송통신대학교 총동문회	원주치악 체육관	
2017.05.06	제7회 한국과자축제	봉화군축제위원회	봉화 내성천 야외무대	
2017.07.27	고흥 [문화가 있는 날 작은 음악회]	문화체육관광부	고흥 문화회관	
2017.09.16	제6회 흥도동 한마음 문화 축제	(사)고양방송예술인협회	고양 도래울 바람물 수변공원	
2017.09.17	(사)한국연극배우협회박람회	(사)한국연극배우협회/ 한구방송대 총동문회	마로니에 야외무대	
2017.10.14	노원 탈축제	노원탈축제 위원회	노원 특설야외무대	
2017.10.27	구미 전국청소년 국악경연대회	한국국악협회 경상북도 지회	구미 강동문화 복지회관 대극장	
2017.11.11	구룡포 과메기축제	구룡포 과메기축제위원회	구룡포 야외무대	
2017.11.17	한국변검 특강	울산방송대학습관	울산방송대학습관 대강당	특강
2017.11.29	한국변검 워크샵	한국전통무형문화제전 승회관	한국전통무형문화재 LA전승회관	특강
2017.12.01	LA 2017 열린마당	한국전통무형문화제 전승회관	LA한미문화원	해외공연
2017.12. 13.~14	선달 배비장	극단 사하	대학로 가든 씨어터	연극

2018년도

년 도	행사명	주최/주관단체	공연장소	비 고
2018.01. 05.~06	선달 배비장	극단 사하	SH극장	
2018.02. 16.~18	원주 프린지페스티벌	원주 문화예술위원회	원주 치악체육관 야외 돔 공연장	
2018.08.21	구미 어울림 마당극 큰잔치	구미시/구미문화예술회관	선산읍 단계천 특설무대	
2018.09.30	제1회 이몽룡, 방자 선발대회	봉화군청	봉화군 체육공원 특설무대	
2018.10.08	산청한방축제	산청군	산청한방축제 특설무대	

위 표의 소개한 공연 목록은 주요 무대의 공연을 정리한 내용이다. 우리나라 공연예술은 사회 상황에 따라 공연 변수가 많이 생긴다. 한국변겸은 크고 작은 무대에서 지금까지 약 500회 정도의 공연을 해왔다.

참고문헌

[저서]

권석환, 『중국문화답사기 1』, 다락원, 2002

권석환 외, 『중국 문화 답사기 3』, 다락원, 2007

권영걸 외 27인, 『色色 가지 세상』, 도서출판 국제, 2001

금동원, 『전통색, 오행과 오방을 내려놓다』, 연두와 파랑, 2012

김학주, 『중국의 탈놀이와 탈』, 명문당, 2008

노성대, 『MBC 마당놀이 20년사』 주식회사 문화방송, 2000

박현령, 『허규의 놀이마당』 인문당, 2004

서연호, 『한국 전통연희와 동아시아』 동문선 2010

심우성, 『남사당놀이』 화산문화, 2000

이미원, 『한국 탈놀이 연구』, 연극과인간, 2011

양주 세계 민속극 학술 심포 시리즈, 『동아시아 민속극의 축제성』 양주시 축제위원회, 2008

吳祖光·黃佐臨·梅紹武, 김이경 옮김, 『경극과 매란방』, 지성의 샘, 1993

이두현, 『한국의 탈춤』, 일지사, 1995

전경욱, 『한국 가면극과 그 주변 문화』, 월인 2007.

전경욱 『한국의 전통연희』, 학고재, 2004

조동일, 『한국의 탈춤』, 이화여자대학교 출판부, 2005

한국박물관협회, 『해학과 익살의 탈』, 문예마당, 1999

[논문]

강명균, 「중국 한족의 나희와 한국 가면극의 벽사진경 양상의 비교」, 고려대학교 대학원 석사학위 논문, 2011

김세연, 「문화상품으로서 전통예술 공연의 발전 가능성 연구」, 숙명여자대학교 대학원 석사학위 논문, 2005

김용범, 「전통공연예술의 글로벌 문화콘텐츠 개발 전략」, 『문화예술콘텐츠』 7호, 한국문화콘텐츠학회, 2010

신춘호, 「장이머우식 〈印象計劃〉의 성공요인과 한국형 〈실경산수공연〉의 가능성 탐색」, 『글로벌문화콘텐츠』 5호, 글로벌문화콘텐츠학회, 2010

신현욱·김용범, 「창극의 새로운 포맷 개발에 관한 연구」, 『인문콘텐츠』 17, 인문콘텐츠학회 2010

손완이, 「論文川劇的舞臺表演藝術: 以川劇 『白蛇傳』爲中心」, 『한중인문학연구 9』, 中韓人文科學研究會, 2002

이정석, 『한국탈의 특징과 유형에 따른 비교연구와 재창조 방안』 동방대학원대학교 석사학위 논문, 2009

정원지, 「동양고전극의 종합예술성: 중국 경극의 종합예술성」, 『공연문화연구』 6, 한국공연문학회, 2003

전경욱, 「세계 여러 나라 가면극의 기원과 발전과정(상)」 『한국민속학』 30(1), 한국민속학회, 1998

차미경, 『사천 연극(川劇)의 형성과 공연예술 특성』, 『중국문화연구』 14, 중국문화연구회, 2009

[공연]

마당놀이, 『이춘풍 난봉기』 (상암 월드컵 경기장 마당놀이 상설무대)

극단 미추 2010~ 2012

연극 공연, 『저승』 (대학로예술 극장, 아르코예술극장 소극장)

극단 바람풀, 2011~2012

연극 공연, 『전우치』 광주시립극단, 2013

축제 공연, 『양주 세계 민속극 축제』

(양주별 산대놀이) 양주시 축제위원회

축제 공연, 『안동국제탈춤페스티벌』 (축제 특설무대)

(재)안동축제 관광조직 위원 2010~2011

[TV, 영화]

OUN, 『영주 달빛 별빛 공연 이야기』 뉴스 취재 2009

OUN, 『다큐시리즈 배움』 다큐멘터리 2012

OUN, 『재능기부 콘서트 꿈꾸는 대학로』 2012

SBS, 『장옥정 사랑에 살다』 월화 드라마 2013

DVD, 『變臉』, 「四川成演劇院演出」, 四川文藝音像出版社,

한국방송통신대학연구자료실 소장, 1949

영화, 『변검』 (감독 오천명), 영화제작사, 1997

[홈페이지]

http://www.kwanno.or.kr/

http://www.bongsantal.com/

http://www.hahoemask.co.kr/

http://www.sandae.com/

http://www.ogwangdae.or.kr/

http://blog.naver.com/culturecre/30163685862

http://cafe.naver.com/concordbaby/214)

http://biong.naver.com./hb0661/11015848292

YTN,「kimth.co.kr」

한겨레신문 http://www.hani.co.kr

http://blog.naver.com./Ohyundai/100175465868

배우 김동영의 한국변검 이야기

2018년 10월 30일 초판 1쇄 발행

지은이 | 김동영
펴낸이 | 이건웅
펴낸곳 | 차이나하우스

등　록 | 제324-2011-00035호
주　소 | 서울시 영등포구 영등포동 8가 56-2
전　화 | 02-2636-6271
이메일 | chinanstory@naver.com
ISBN | 979-11-85882-63-5 03680

값: 12,800원